FRACASOS EXITOSOS

FRACASOS EXITOSOS

Cómo crecer a partir de nuestros errores
y detectar las oportunidades que hay en cada fracaso

Bernardo Stamateas

GRUPO ZETA

Barcelona • Madrid • Bogotá • Buenos Aires • Caracas • México D.F. • Miami • Montevideo • Santiago de Chile

1.ª edición: diciembre 2015

© Bernardo Stamateas, 2007
© Ediciones B, S. A., 2015
    Consell de Cent, 425-427 - 08009 Barcelona (España)
    www.edicionesb.com

Printed in Spain
ISBN: 978-84-666-5486-9
DL B 22068-2015

Impreso por LIBERDÚPLEX, S.L.
Ctra. BV 2249, km 7,4
Polígono Torrentfondo
08791 Sant Llorenç d'Hortons

*A los que se han equivocado y han aprendido
de sus errores transformándolos en éxitos,
y a los que aún están en ese proceso*

Índice

TERCERA PARTE

CUARTA PARTE

INTRODUCCIÓN

¿A quién de nosotros le gusta fracasar? ¿Quién de nosotros prefiere equivocarse en lugar de obtener éxito desde el primer momento? ¿Cuál piensas que fue tu peor fracaso? Recuerda esta última pregunta: tu respuesta te servirá para poder evaluar, al finalizar la lectura de este libro, si realmente este sigue siendo tu peor fracaso.

La mayoría de las personas prefieren no correr riesgos, no equivocarse, no fallar, es decir, no fracasar. Sucede que, a través del tiempo, nos enseñaron un significado erróneo de la palabra «fracaso». El propósito de este libro es que puedas desmitificarlo para asignarle el verdadero valor que el vocablo tiene.

Hasta hoy esta palabra significaba pérdida, derrota, error, tragedia, frustración, angustia, años vacíos de sueños y metas, nostalgias de lo que pudo haber sido y no fue, o quizás el significado que quieras darle. Pero, como acabas de leer, esto ha sido solo hasta hoy.

A medida que avances en la lectura de este libro, podrás darle al término «fracaso» un nuevo significado, una nueva aplicación y la verdadera connotación que este concepto encierra en sí mismo para cada circunstancia. El valor que le des a la palabra «fracaso» y a la palabra «éxito» será el mismo que le des a tu vida. Vivir en el fracaso nos congela y nos hace repetir conductas autodestructivas, matando la creatividad y el talento con el cual fuimos diseñados.

Vivir en el fracaso nos mantiene encerrados en viejas y deprimentes ideas, sin permitirnos elaborar nuevas pautas que nos permitan una apertura al cambio y el éxito.

Todos, en algún momento, hemos atravesado situaciones de fracaso, presiones, estrés, y necesitamos sentir que todo el esfuerzo que hemos hecho valió la pena.

Pero el fracaso no es una forma de vida, sino una elección. **«Fracaso no es negar lo que es como si no fuese, sino afirmar lo que no es como si fuese.»**

Sin duda, lo que las personas anhelan es poder ver frutos y recoger la siembra de su cosecha. Lo importante es aprender a actuar de la mejor forma posible y evitar que los niveles de estrés y frustración asciendan cada vez más. Si tu autoestima y tu actitud son más grandes que los fracasos y errores por los cuales debes atravesar, te recuperarás y llegarás a la meta mucho más rápido. Si, en cambio, ellos logran detenerte y paralizarte, es tiempo de hacer un replanteamiento y experimentar una mayor convicción del propósito y el reto a conquistar.

Todos tenemos permiso para equivocarnos, pero también derecho y permiso para revertir los errores y transformarlos en éxitos.

Aprendamos del error, olvidemos los detalles y sigamos adelante.

En estas páginas encontrarás repetidamente la palabra «mente» —sí, «mente»—, porque el que gana la mente gana el partido. Si el fracaso gana tu mente, este se instalará en tu vida. Mientras no renueves tu mente, tus acciones estarán dirigidas por emociones y no por decisiones concretas y reales. Toda batalla primero se gana en la mente y luego en el campo de batalla. El fracaso no es malo, lo malo es que nuestras creencias y los conceptos erróneos que tenemos sobre él nos aten y mantengan cautivos en él. «El nivel de tu acción será acorde al de tu pensamiento.»

No basta con querer dejar atrás el fracaso; se necesita modificar y planificar estrategias, hábitos, estructuras de pensamiento que te permitan concentrarte en lo primero y esencial. Ser preciso y eficaz es la clave del éxito. No te detengas en pormenores, fuiste creado para dejar huella y para que tus pisadas te lleven al lugar de tu propósito.

Fuiste diseñado para obtener frutos, muchos frutos y más frutos. En tu ADN existe la genética que te posibilitará transformar cada fracaso y cada error en éxito, y, al mismo tiempo, multiplicarte y expandirte en todo lo que hagas. Es tu responsabilidad y la de nadie más. Las oportunidades y el éxito estarán esperándote allá donde te encuentres.

Tal vez hoy estés atravesando un fracaso o una circunstancia por la cual no deseas pasar, pero en tu genética el éxito está asegurado. Determina principios y establécelos. Para tener éxito y dejar atrás el fracaso, no debes darle al fracaso más valor del que tiene.

Como primer paso, atraviésalo; en segundo lugar, supéralo y, finalmente, entiéndelo. Si lo entendieras desde el comienzo, podrías elaborar las estrategias necesarias para revertirlo.

El control de tu fracaso y de tu éxito está en tus manos, tu autoestima está en tus manos, tus pensamientos están en tus manos.

Nadie puede frenar tu éxito. EL FRACASO NO EXISTE. El «fracaso» lo único que hará en tu vida es liberar un potencial escondido que todavía no había salido a la luz.

- El fracaso expresará una fuerza y una energía que te pertenece y que aún no conoces.
- El fracaso te dará sabiduría para abrir tu mente y tu alma, para alejarte de lo malo y abrazar lo bueno, apreciar lo que te levanta y desestimar lo que te lastima.
- El fracaso solo liberará al hombre y a la mujer capaz y eficiente que eres. Lo único que hará el fracaso es romper tu pecera. Fuiste creado para caminar en lo ilimitado. **Los problemas, las circunstancias, el fracaso y aun el éxito mismo no te hunden ni te levantan, solo revelan lo que hay dentro de ti.**

¿Fracasaste por ignorancia?, ¿por una mala actitud?, ¿por accidente? Cualquiera que sea el motivo, tengo una buena noticia: el fracaso no existe en aquellos que se atreven a ir a por más.

Disponte a ser alguien, hombre o mujer, reconocido por sus FRACASOS EXITOSOS. En el proceso, alguien pondrá a tu disposición los recursos que necesitas, frente a ti estarán las mejores oportunidades de tu vida, cada obstáculo determinará una nueva puerta que se abre, porque naciste para alcanzar el éxito en todas las áreas de tu vida. ¿Qué es el éxito?

Tener quizá millones, coches, propiedades, poder, tierras, dominar países y territorios, fundar una familia, alumbrar un hijo, ser feliz... Diferentes clases de éxito, diferentes metas y distintos propósitos; por eso, te corresponde a ti fijar cuál de todos estos u otros será tu éxito, un éxito individual y que solo puede ser ejecutado y alcanzado por ti, porque te pertenece, porque fue soñado e ideado para que seas tú quien lo conquiste.

Determínalo en tu mente, en tu alma, en tu espíritu.

¿Acaso ya lo lograste? ¡Felicidades!, pero hay muchísimo más. Anhela más éxito y sé excelente en todo lo que hagas, en lo personal, en lo interpersonal, en lo profesional, en lo laboral, en todo lo que emprendas. Crece y mejórate, acepta cada desafío y cada reto que tengas por delante.

Ambos, el fracaso y el éxito, te requerirán como el protagonista de la historia. ¿Qué vas a elegir?

Éxitos.

Licenciado BERNARDO STAMATEAS

PRIMERA PARTE

1

¿FRACASO O FRACASADO?

1. ¿FRACASO O FRACASADO...?
¿ES SOLO UNA DIFERENCIA DE LETRAS?

Los seres humanos necesitamos aprender a valorarnos y a descubrir todo aquello que somos capaces de alcanzar. Concretar éxitos, revertir fracasos en logros y beneficios, determinará nuestra estima y el lugar que ocuparemos en el mundo.

El primer paso es comenzar a actuar, resolverse a hacer y realizar cada idea y cada pensamiento ideado.

Descubrir los dones, las habilidades y el potencial con el cual fuimos equipados nos acercará al objetivo.

Solo entonces, cuando hayas llevado a cabo cada idea, cada objetivo, podrás preguntarte en cuál de estas dos situaciones te encuentras.

Tal vez únicamente hayas obtenido un resultado negativo o no esperado, o quizá decidiste abandonar y dejar atrás la meta.

En ese momento, en el tiempo de la resolución, estarás en condiciones de responder: ¿fracaso o fracasado? Parece solo una cuestión de letras, pero la diferencia entre ambas palabras es abismal.

¿Existe alguna persona a la que le guste fracasar?; ¿quiénes aceptan el fracaso con entusiasmo? Rehacer un trabajo que tal vez llevó meses de investigación y preparación; por supuesto: ¡a nadie!

¿Quién decide por voluntad propia reformar lo que ya consideraba una operación terminada y eficaz? Sin duda, nadie.

Todos, en algún momento, atravesamos por circunstancias que no son las que esperábamos, situaciones que debemos afrontar y solucionar.

Elegir revertirlas o permanecer en ellas será tu decisión. Tu elección será la que defina tu actuación. Puedes optar por declarar que:

1. El fracaso no es una opción ni una alternativa en tu vida, o
2. aceptar al fracaso como tal y resignarte a él.

La diferencia entre «un fracaso» y «ser un fracasado» estará proporcionalmente relacionada a cómo afrontes y te posiciones ante cada circunstancia que te desafíe.

El fracaso no es nuestro enemigo, a pesar de que la mayoría de las personas lo consideren como tal.

Tampoco determina la culminación de nuestros objetivos, todo lo contrario. Solo es un indicador que señala que las estrategias que veníamos utilizando hasta ahora no son las adecuadas ni las más exitosas para ese proyecto.

El fracaso nos permite replantear el error, pero, en esta nueva oportunidad, desde una nueva perspectiva de acción.

Solo aquellos que se animan a desafiar sus propios errores y fracasos son los que alcanzan el éxito.

En este momento de acción y decisión es cuando se establece la diferencia entre los conceptos «fracaso» y «fracasado».

FRACASO	Aceptar el error y aprender de él.
FRACASADO	Quedarte a vivir en el fracaso.

El fracaso será parte del camino del éxito. Recuérdalo. Si te enseñaron lo contrario, es el momento de desechar este sistema de pensamiento y permitirte fracasar. No hay éxito ni victoria sin fracaso; todos pasamos por ellos en algún momento.

Pensar que aquellos que han alcanzado el éxito nunca han fracasado o cometido errores es una creencia falsa.

Éxito no implica ausencia de error, frustración, inconvenientes o dificultades.

Éxito es el resultado de un fracaso + otro fracaso + nuevas dificultades + nuevos errores + volver a empezar las veces que sean necesarias hasta generar oportunidades que nos lleven a los resultados esperados.

Esta es la clave: «Resistir al fracaso y al error nos conducirá directa y proporcionalmente al éxito.»

El hombre exitoso sabe que el fracaso es solo un eslabón en la cadena hacia sus logros y a resultados extraordinarios. El grado de dificultad a resolver no es un obstáculo. Sabe que todo lo que necesita para transformar ese resultado negativo en logros y beneficios es usar el potencial y las herramientas que están en su interior.

El éxito o el fracaso en los negocios se produce más por actitudes mentales que por capacidades mentales.

WALTER DILL SCOUT

El fracaso genera nuevas oportunidades de éxito. El sentirte fracasado, no.

Los logros o pérdidas que obtengas serán acordes a la visión que tengas de tu objetivo y el enfoque con que te detengas a ver el fracaso y lo afrontes.

El deportista K. Rote aseguró: «No tengo dudas de que hay muchas formas de ser un ganador, pero en realidad hay solo una forma de ser un perdedor, y esta es fracasar y no ver más allá del fracaso.»

Esta definición del fracaso establece la diferencia entre cometer un error o fracaso, y vivir sintiéndose fracasado y mediocre. La mediocridad y el conformismo de los resultados o la ausencia de ellos es lo que establece la diferencia.

Mientras unos duermen, existen muchos otros que permanecen velando por sus sueños y por cada objetivo que lo acercará a la meta trazada.

Una diferencia muy importante a tener en cuenta: los exitosos se animan a correr riesgos, los fracasados no.

- El fracasado no aprende de los fracasos.
- El fracasado llora y se lamenta de su error y de lo que pudo haber sido y no fue.
- El fracasado vive en la mediocridad y la ausencia de proyectos, sueños y metas.
- El fracasado se queja y se lamenta y las excusas son sus armas preferidas.
- El fracasado culpa al mundo y al destino de su vida.
- El fracasado piensa que va a seguir fracasando.

- El fracasado vive en el legalismo, en las viejas costumbres y rituales.
- El fracasado vive en el pasado.
- El fracasado no sabe por dónde comenzar.
- El fracasado es inconstante en todos sus caminos y de doble ánimo: un día se encuentra bien y al otro ya no.
- El fracasado no puede canalizar sus errores hacia victorias y beneficios.
- El fracasado tiene un miedo enorme a fracasar.
- El fracasado se ha dado por vencido.

El desafiante sabe que:

- El fracaso es parte del proceso del aprendizaje.
- El fracaso es parte de su avance y de sus logros.
- El fracaso desafía sus paradigmas y suposiciones.
- El fracaso no impide que vuelva a empezar una y otra vez.
- El fracaso lo convierte en un individuo más perseverante y tenaz.
- El fracaso lo estimula a aprender de cada error.
- El fracaso lo adelanta en sus sueños.
- El fracaso lo posiciona en el error a solucionar y revertir, pero nunca en el abandono del proyecto.

A Einstein un maestro le dijo:
«Nunca llegarás muy arriba.»

Mientras Van Gogh vivía, no vendió un solo cuadro.
Hoy sus cuadros se venden por cifras multimillonarias.

Al actor Robin Williams, le dijeron:
«No eres apto para la actuación.»

Todos ellos, aun los exitosos anónimos, primero pasaron por fracasos, frustraciones y decepciones. Sin embargo, se animaron a más y a mucho más, y a volver a empezar una y otra vez.

La mejor virtud de estos hombres fue «creer en sus sueños, en su potencial y en su habilidad para transformar el fracaso en éxito». El error no los limitó, nunca se sintieron fracasados.

Necesitamos dedicar el tiempo adecuado para evaluarlo. Juzgar el error aisladamente del objetivo a cumplir hace que cada equivocación sea vivida como un desastre, un caos y un punto sin retorno.

Esta estructura de pensamiento nos hace perder de vista que todos los procesos exitosos cuentan con un elemento imprescindible: el tiempo.

Aprendamos a ver el cuadro completo de nuestro objetivo, pintado y vendido. Si podemos visualizarlo, estaremos en condición de discernir todas aquellas oportunidades que nos generó ese error u obstáculo con el cual tropezamos.

La diferencia entre un fracaso y sentirse un fracasado radica en que al exitoso el fracaso no lo detiene, no lo abate, no le hace pensar, sentir y vivir como un fracasado. El fracaso nunca se considera una derrota, ni un punto de arribo.

Solo se trata de errar, avanzar, errar y volver a actuar hasta llegar al resultado esperado.

2. ERRAR ES DE VALIENTES...

¡Qué dicho popular tan conocido y tan verdadero!

ERRAR ES HUMANO, dice la sabiduría popular, y tanto tú como yo somos seres humanos, por ende, erramos.

El camino al éxito está lleno de fracasos, logros y dificultades, y todos ellos forman parte del proceso.

La profesora Lisa Amos establece, de acuerdo con estadísticas contrastadas, que los empresarios antes de alcanzar el éxito superaron una tasa de error y fracaso del 3,8%.

Estas personas supieron aceptar el fracaso, pero no permanecieron en él.

Lo analizaron, lo estudiaron y se encargaron de revertirlo hasta consolidar los resultados esperados.

Los errores no tienen por sí mismos poder y autoridad para subestimarnos, ni para hacernos desistir del sueño que alberga nuestra mente y nuestro espíritu.

> **Cuando nos damos permiso para fallar, al mismo tiempo nos estamos dando permiso para superarnos.**
>
> **Musicóloga Eloise Ristad**

El poder de desestimarnos y menospreciarnos se los otorgamos nosotros. Nadie, excepto nosotros mismos, está en condición de determinar si hemos fracasado o no.

Juzgar el proceso significa desenfocarnos del objetivo final.

El proceso es justamente un período de tiempo de preparación, de elaboración, de prácticas de ensayo y error, y de aprendizaje.

Sugiere, prueba y equivócate. Dispón de este tiempo de prueba, está permitido; y recuerda que las personas producimos resultados, no procesos. El proceso no define el resultado, solo es parte de él.

El éxito requiere de esfuerzo, energía, tiempo, voluntad y, sobre todo, dominio propio y constancia de persistir hasta el final.

En la marcha tal vez avancemos dos pasos adelante y retrocedamos tres, pero te aseguro que al volver a intentarlo mejorarás a pasos agigantados.

Las faltas se transforman en fracasos cuando de continuo reaccionamos ante ellas incorrectamente.

JOHN MAXWELL

El propósito nos motivará y dirigirá nuestra atención de manera tal que el error no tenga la capacidad de detenernos ni amedrentarnos.

Según Washington Irving, «las mentes grandes tienen propósitos; las otras tienen deseos».

Los deseos son ilusiones, ganas; los propósitos son realidades.

El propósito definirá al fracaso como una situación pasajera y momentánea, fijará tu perseverancia y te consolidará hasta la concreción de tu meta.

El propósito te hará estar enfocado, pese a todo. Tu propósito te diferencia, te llena, te completa y te hace sentir satisfecho.

> Los errores se transforman en faltas cuando los percibimos y reaccionamos ante ellos incorrectamente.

Una persona con propósito no se detiene a envidiar los éxitos y los logros ajenos; los celebra y los aplaude.

Un hombre y una mujer con propósito se consolidan mientras actúan. Algunas veces pierden, pero son muchas más las que ganan y adquieren ventaja.

Ahora bien, ¿cuál es tu propósito?; ¿adónde quieres llegar?; ¿cómo quieres ser recordado?

Determínalo:

_____

_____

_____

_____

Vivir con propósito hará que todo lo que hagas cobre sentido y prosperes en todo lo que emprendas.

3. SI FALLASTE, SIGUE PARTICIPANDO

El presidente T. Roosevelt decía: «No progresa quien no comete errores.»

Comienza a actuar, no esperes a que el viento sople a tu favor, no esperes a las mejores condiciones climáticas para empezar a remar, hazlo con el potencial y el bagaje que tienes. No esperes a que tus emociones te den permiso, avanza y, si te equivocas, vuelve a empezar.

¿Quién puede acaso determinar si fracasaste? ¿El proceso, tu compañero de trabajo, tu jefe, un resultado arbitrario?

¿Quién de todos ellos es el encargado de decidirlo?

Solo tú, de acuerdo con la capacidad y la tenacidad que desarrolles para seguir participando.

No importa las veces que te equivoques y vuelvas a comenzar.

Redefine el fracaso, el error y, luego, ¡reviértelo! Transfórmalo en logros y beneficios.

Si fallaste, inténtalo tantas veces como sean necesarias, pero no te rindas. En el camino al éxito, puedes tropezar con una cantidad razonable y lógica de fracasos y, en determinadas circunstancias, hasta necesarios.

Brian Tracy cuenta acerca de cuatro personas que se hicieron millonarias siendo muy jóvenes. Inicialmente invirtieron en diecisiete negocios que les acarrearon pérdidas antes de hallar sus minas de oro, sus oportunidades de gloria.

Probaron, erraron y siguieron participando hasta que ganaron. Idearon nuevas estrategias, nuevos planes y diseños hasta dar en el blanco.

Estas personas saben que el fracaso no es su destino, solo es un punto de inflexión en el trayecto hacia sus objetivos.

Bernard Shaw supo definir el error: «Una vida usada cometiendo errores no solo es más honorable, sino que es más útil que una vida usada no haciendo nada.» El fracaso es solo temporal; es el pistoletazo al éxito, al beneficio.

Cuando te encuentres con él, piensa que este fracaso también pasará, no durará toda la vida.

Los obstáculos y las dificultades no te convierten en una persona fracasada; todo lo contrario, te mudan en una persona que no teme fracasar.

Cuanto más rápido puedas dejar atrás al fracaso, más evidente será que estás acercándote a la meta, adquiriendo experiencia y carácter, ingredientes indispensables para el éxito.

El compositor Haendel, después de haber perdido la movilidad de cuatro de sus dedos, quedó económicamente en bancarrota. Se desmoralizó y varias veces intentó retirarse.

A pesar de ello, un amigo le llevó un libreto para que le diera vida, lo cual sorprendió muchísimo al músico.

En solo veinticuatro horas terminó la obra, por encargo, conocida como *El Mesías,* considerada la mayor obra maestra de todos los tiempos.

Este hombre enfrentó sus emociones encontradas, sus sentimientos de derrota, la pérdida de su patrimonio; y, sin embargo, volvió a comenzar.

El miedo a volver a fracasar no lo detuvo. Y lo más importante, se perdonó por sus infortunios, y él mismo se dio la oportunidad de actuar nuevamente.

La única marca que debes vencer es la propia. Supérate, compite contigo mismo y obtén lo mejor de ti.

La clave es insistir, perseverar siempre un poco más, y no detenerse.

Como decía la fallecida escritora humorística Erma Bombeck: «Al final de mi vida, espero no tener ni un poco de talento restante y poder decir que usé todo lo que me dieron.»

El éxito alcanza a aquellos que están dispuestos a volver a empezar una y otra vez; a aquellos que conocen cómo funciona el circuito del aprendizaje y se disponen, en el final, a vaciarse de todo lo que están llenos para poder volverse a llenar.

4. DEPENDE DE MÍ

El sociólogo J. Brunner dice: «Es más fácil que usted active sus sentimientos, a que estos lo hagan entrar en acción.»

No esperes estar bien para comenzar. Cuando te dispongas a actuar, comenzarás a sentirte bien en el momento de la ejecución.

Las preguntas correctas que deberíamos hacernos son: ¿qué hechos o qué elementos podemos incorporar en nuestra mente para tener un espíritu fortalecido?; ¿qué hábitos necesitamos incorporar para desarrollar una fortaleza interior indestructible?; ¿de quién depende mi éxito y mi fracaso?

La respuesta es: **«Depende de mí, depende de mí, depende de mí»**, y cuantas más veces la puedas internalizar en tu mente y en tu espíritu, mucho mejor.

Desde tu nacimiento te resultó necesario respirar por tus propios medios. De ahí en adelante, cada respiración ha dependido de ti. ¿Sabías que nadie puede respirar por ti?

Estamos capacitados para revertir cada situación de fracaso y actuar a pesar de nuestras emociones y sentimientos.

Actuar a pesar de tu interior, de tu entorno, del otro, te

permitirá decidir y descubrir todo lo que eres capaz de generar y producir. No esperes nada de nadie, nadie te debe nada, sé libre de la gente y aprende a hacer lo que te toca a ti.

El éxito no depende de tu entorno ni de tu herencia, sino de lo que seas capaz de construir.

Con este sistema de creencias y pensamientos, el miedo no podrá anularte ni dejarte inactivo.

De esta forma, nadie tendrá derecho ni autoridad para evaluar si fracasaste o no.

Todos, en algún momento, tuvimos o sentimos miedo de volver a equivocarnos. Miedo a un resultado o un rechazo no esperado.

El miedo a repetir el error paraliza, inmoviliza e inhabilita para seguir avanzando y aprendiendo al mismo tiempo de ese proceso de ensayo y error necesario y esencial para el triunfo.

Al no actuar, el temor y el miedo se agigantan y parecen adquirir mucho más poder y valor del que realmente tienen.

El miedo te quita la esperanza y te roba la fe. Te hace perder de vista el objetivo y te lleva a una zona de confort y conformismo donde nada sucede.

Vencer ese temor y reconocer que está permitido equivocarse nos quita un peso y un perfeccionismo desfigurado, al mismo tiempo que nos permite volver a involucrarnos en nuestro proyecto.

Y recuerda que cuanto más grande sea tu proyecto y tu objetivo, mayores serán los obstáculos con que te encontrarás.

El camino al éxito está lleno de riesgos, pero el traspasarlos implica crecimiento y aprendizaje. Todos los grandes genios y científicos de la historia asumieron riesgos.

El riesgo lleva consigo una cuota de fracaso y una de éxito, y ambas a tu objetivo.

Cuando experimentes el resultado que trae consigo el asumir riesgos conscientemente, entonces sí estarás apto para discernir el error o la dificultad, aprender de ellos y seguir en camino.

«Un momento de triunfo consciente hace que uno sienta que después de esto nada realmente importa; un momento de desastre consciente lo hace a uno sentir que es el fin de todo. Pero ni el sentimiento es real ni el suceso es lo que pareciera ser.»*

Céntrate en tus habilidades, no victimices el error.

La matriz del éxito radica en confiar en nuestra capacidad de acción. Y recuerda que nunca sabrás todo lo que puedes hacer hasta que empieces a hacerlo.

Para tener éxito debes romper con tus limitaciones.

No es hasta aquí, será hasta donde tu mente establezca que puedes ir.

¿Quién eres?

Cuando puedas contestar esta pregunta en tu espíritu nunca serás un fracasado. Cuando sepas que tu esencia no tiene límites, que nadie te puede detener, que nada ni nadie te afecta, entonces sabrás quién eres.

5. EN RESUMEN

Un fracasado es una persona que hace las cosas mal, pero que no es capaz de sacar beneficio de la experiencia.

ELBERT HUBBARD

* MAXWELL, JOHN, *El lado positivo del fracaso*, Editorial Caribe, Inc., Nashville, TN, 2000, pág. 51.

No creo en un destino que cae sobre el hombre cada vez que actúa, pero sí creo en un destino que cae sobre él si no actúa.

G. K. Chesterton

2

FIJACIONES MENTALES, EL CAMINO AL FRACASO

1. FIJACIONES MENTALES, EL ROBO DEL ÉXITO

Puedes asistir a seminarios y tener títulos académicos, pero si en tu mente y en tu espíritu hay fijaciones mentales negativas, lo que emprendas no obtendrá los resultados buscados.

En determinados momentos, especialmente en tiempos de crisis y fracasos, las personas necesitan aferrarse a algo o a alguien, a objetos, a imágenes, y convertirlos en su tabla de salvación, con lo cual desvían automáticamente el foco.

Sin embargo, para revertir estos resultados negativos no necesitamos poner fe y energía en objetos, personas o imágenes.

Una imagen es una fijación. Una imagen mental es una fijación a la que mi mente se dirige. Por ende, cada vez que tu vida y tu acción giren alrededor de algo o alguien, ese pensamiento y esa imagen se tornarán una obsesión, y bloquearán instantáneamente tu capacidad de discernimiento y resolución.

Mientras cada fijación mental no sea cuestionada y corroborada como falsa, mientras no cambies tu manera de pensar, no podrás alcanzar resultados extraordinarios.

Las fijaciones nos limitan y convierten en personas inflexibles y estructuradas, incapaces de generar nuevas alternativas y posibles soluciones para dejar atrás el error y el fracaso.

Las fijaciones más comunes son:

1. Tener como fijación «el otro»

Hay personas que viven obsesionadas por lo que otros les hicieron, por el dolor que les causaron. Sin darse cuenta, esas emociones dañadas terminan bloqueando su potencial y su capacidad afectiva para volver a generar una nueva relación con el afuera. Por eso, sé libre de la gente.

Tampoco inviertas tu tiempo en idealizar a alguien. El «otro» debe servirte de motivación, no de idealización. El «otro» no tiene más autoridad que la que tú mismo le concedes.

Todos disponemos de la misma libertad y la misma posibilidad de alcanzar los sueños.

Si tu mente se fija en la gente, en el otro, fracasarás. Ahora bien, si tus elecciones y decisiones dependen del libre albedrío del cual gozas, serás libre de la dependencia emocional y de la fijación negativa que esta produce.

Piensa: «En lo que te concentres, crecerás; en lo que pienses la mayor parte del tiempo, te convertirás.»

2. Tener como fijación los pensamientos limitantes

Un pensamiento de limitación es una imagen idolátrica, fija y negativa. Tal vez naciste en una familia en la que te inculcaron que antes de empezar un nuevo proyecto debías convocar una reunión y consultar todo lo que vas a emprender, de lo contrario no serás aprobado.

Este estilo de estructura de pensamiento te limita y te convierte en una persona codependiente.

Erradicar esta fijación mental negativa implica aprender a cuidarte a ti mismo, decidir de acuerdo con tus propias convicciones y con un sistema de gustos y preferencias que establezcas.

3. Tener como fijación la teoría

Todas las imágenes de limitación, de fijación a la gente o a la teoría, son algo que edificamos y establecemos, es decir, que «construimos» nosotros.

En un preciso momento, esa fijación termina convirtiéndose en un ídolo y, como tal, te hace dependiente y servil. Por lo tanto, así como la construiste, necesitas desecharla de tu sistema de pensamiento.

Las fijaciones actúan de memoria y rara vez conocemos su engranaje y su manera de funcionar. Dependen del piloto automático que tú y yo accionemos.

Al desprenderte de la automatización, la teoría ocupará un segundo plano y podrás ocuparte de producir y actuar de acuerdo con tus principios: innovando y creando.

4. Tener como fijación los prejuicios

Llamamos prejuicio a una imagen negativa anticipada. Antes de comenzar algo, activa una visualización positiva y determina el éxito. Si determinaste avanzar en tu propósito, revisa haber renunciado antes a toda fijación mental negativa, a toda imagen que limite tu manera de pensar y actuar.

Cuando esas fijaciones mentales son eliminadas, tus pensamientos verdaderos comenzarán a funcionar y te colocarán en una posición de privilegio.

Desde este lugar, no esperas que el otro te ayude, tú das primero.

El que ayuda es libre. El que sirve es más grande que el servido, porque este recibe, pero el que sirve da y siempre es más grande.

Las fijaciones aprisionan y adormecen tu mente y tus emociones, bloquean tu potencial y tu capacidad de decisión.

El escritor Ambrose Bierce sostenía: «El cerebro es ese aparato con el que todos pensamos que pensamos.»

Y en muchas ocasiones no pensamos, sino que solo respondemos a fijaciones mentales que nos mantienen viviendo en el fracaso permanente. Esa ideación fija nos hace pensar que, para un problema, hay una única solución posible, y no siempre es así.

Aceptar y romper esa limitación nos sitúa en un lugar en el que, ante un problema, existen varias posibilidades de solución, con lo cual rápidamente estaremos en condición de revertir el fracaso.

Desde el momento en que las fijaciones mentales son vencidas, cada error o fracaso generará una nueva situación de aprendizaje.

Por lo tanto, comenzaremos a actuar inteligentemente y de acuerdo con nuestra motivación interna.

- Sé libre de la opinión de los demás.
- Evalúa el fracaso y delinea nuevas estrategias. Einstein decía: «No podemos esperar resultados distintos si siempre hacemos lo mismo.» No te programes, desafía cada día tus fijaciones y tus paradigmas. Siempre hay diferentes acciones entre las que podemos elegir.
- Piensa más allá de las tradiciones y el legalismo. Tal vez te preguntes: «¿Por qué cambiar mi vida, mi rutina diaria, si así estoy genial?» Sin embargo, permanecer siempre en el mismo lugar, hacer las cosas de la misma manera una y otra vez, actuar con aquellas ideas que ya sabes que funcionan limita tu posibilidad de alcanzar un éxito mayor.
- Apuesta por lo diferente y lo nuevo. Si hasta hoy no obtuviste los resultados que esperabas, cambia de rumbo. La rutina bloquea la imaginación y la capacidad de innovar cada día.
- No trabajes de acuerdo a tu fijación mental. Los «no puedo», los «no sé» y los «tal vez» no son una opción, solo son excusas para no comprometerte con lo diferente y lo nuevo.

Confía más en ti. Escapa de los expertos. Te convencerán de por qué no va a funcionar, no va a resultar. Corre y apuesta por el cambio. Al mundo lo conquistan aquellos que ven más allá, quienes se animan a probar con ideas que otros descartaron y desecharon con sus mentes de expertos diciendo: «Esto no va a funcionar.»

Alfred Sloan fundó General Motors haciendo pequeñas modificaciones a un modelo de negocio en el que había fracasado el empresario John Wesley Hyatt. Aceptar el cambio como un elemento protagonista del éxito determina ir sumando nuevas estrategias de acuerdo con los nuevos requerimientos.

La poca capacidad de algunos para encontrar caminos distintos para superar las dificultades es una de las principales causas del fracaso. Para crecer, necesitamos renovarnos y superarnos. Pocos empresarios comprenden que los cambios son la clave para crecer. Su fijación a estructuras caducas y obsoletas son algunas de las principales causas de sus fracasos y de por qué conviene huir de los especialistas.

Las siguientes frases pertenecen a estudiosos y expertos en sus funciones. Piensa en sus consecuencias.

El invento de las copias Xerox es absolutamente inútil... el papel carbón es muy barato y disponemos de él en abundancia.

Técnicos de IBM y KODAK en 1938

Todo lo que pueda ser inventado ya ha sido inventado.

CHARLES DUELL, *director de la Oficina Norteamericana de Patentes, 1899*

640 k de memoria es más que suficiente para cualquier individuo.

BILL GATES, *presidente de Microsoft, 1981*

No hay ninguna, absolutamente ninguna, razón para que un individuo quiera tener un ordenador en un sitio que no sea su oficina.

KEN OLSON,
Presidente de Digital Equipment, 1977*

Por todas estas razones, no necesitas ser un experto para alcanzar el éxito, solo romper con creencias, fijaciones y pensamientos que limitan tus extensiones.

Confía en ti y pon en marcha la imaginación y todo el potencial que aún está escondido.

Desafía incluso lo obvio para salir del fracaso. Y si ellos se equivocaron, tú también tienes derecho.

2. EN RESUMEN

Había un hombre muy rico y un hombre muy pobre. Cada uno tenía un hijo.

Un día el rico subió a su hijo a una montaña y le dijo:

—Mira. Todo eso de ahí abajo un día será tuyo.

Otro día subió el pobre y le dijo a su hijo:

—Mira.

Sé libre de prejuicios, de preconceptos que no te ayudan a avanzar, de creencias erróneas y de fijaciones mentales que te impiden alcanzar el éxito.

---

* Frases extraídas de *Mente creativa* de Diego Parra Duque, Editorial Norma, Bogotá, 2003, pág. 5.

3

TRANSFORMANDO A MI PEOR ENEMIGO: «YO»

1. IDENTIFICANDO A MI ENEMIGO: ¿ÉL O YO?

El poder establecer límites es la condición que define a aquellas personas cuyas emociones están sanas. El límite es la frontera invisible que nos afirma y afianza como seres independientes, nos permite diferenciarnos claramente unos de otros.

En el mundo natural, todos establecemos límites y estos, muchas veces, dependerán del sistema de crianza que hayamos tenido.

También nuestro cuerpo establece límites. Cada nervio está cubierto por una membrana, cada órgano tiene su límite propio, la piel marca límites. Todo lo que hay debajo de ella es nuestro y todo lo que se halla fuera no nos pertenece. Por ejemplo: el límite del orador es la distancia que lo separa de quienes lo escuchan.

Todos proyectamos límites físicos, es por eso que al ser transgredidos por el otro sentimos que nos invaden. Todos necesitamos establecer límites, entre ellos «límites emocionales» que determinarán quién tiene acceso a nuestra privacidad, a la intimidad, a nuestros miedos y a nuestras ideas más profundas. No fijar ese límite nos mantendrá expuestos a una continua manipulación y codependencia hacia los otros. Ilusionarnos con el lugar y las palabras con que los otros nos definen y ubican trae como consecuencias emociones dañadas. En esta instancia, el otro podrá tocar nuestra identidad, penetrar en nuestros pensamientos y descalificarnos. Y siempre que nuestra ilusión esté puesta en el afuera, terminaremos por desilusionarnos.

La desilusión es el reflejo de una ilusión mal puesta, dado que el que hoy te levanta es muy probable que mañana te baje sin pedirte permiso.

Esta muleta emocional, este guardaespaldas afectivo que determina nuestra codependencia emocional, terminará sometiéndonos a vivir una vida que no nos pertenece. Desde el mismo momento en que permitimos que el otro penetre en nuestro interior, a pesar de que pueda ser un gran sabio y tener una gran fe, estaremos viviendo una vida prestada y no la propia; y todo terminará siendo una gran mentira. El ser una copia te hará perder el respeto por ti mismo y por los demás, convirtiendo tu propia imagen en tu peor enemigo.

Para ser competentes con nosotros mismos, primero debemos aceptarnos y convertirnos en generadores de excelencia. Siempre estamos a tiempo de fijar límites y decidir tanto a quiénes incluiremos en nuestros vínculos interpersonales como de quiénes nos alejaremos.

Como seres individuales y libres que somos, gozamos del derecho de decidir quién se acerca o no a nuestra vida, como así de alejarnos de aquel que nos descalifica y subestima. Deshacernos del guardaespaldas emocional, vivir sin codepender del otro mantendrá nuestra estima sana, ligándonos solo a la visión que hemos determinado en nuestro interior.

Salir de este laberinto entre el «yo» y «el otro» nos permitirá ocuparnos de nuestro propio fracaso antes que tratar de solucionar el de los demás.

Ocuparnos del fracaso ajeno nos desenfoca y nos entretiene dentro de un conflicto que no nos pertenece. Miguel Ángel decidió pintar su inspiración en el techo de la Capilla Sixtina; seguramente, si hubiera decidido pintarlo en el suelo hoy estaría borrado. Resumiendo: **«Cuando pintes algo, hazlo en las alturas, nunca en el suelo, donde los otros puedan pisarlo.»**

Desde este lugar sí estarás listo para escuchar al otro sin prejuicios, dando lugar a lo que te edifica y desestimando lo que no sirve y te lastima.

Cada uno de nosotros es ciento por ciento responsable de su vida y de cada uno de los límites que establezca en ella. Las estadísticas muestran que el 99 % de los fracasos corresponde a personas que tienen el hábito de excusarse.

Sin embargo, permanentemente decidimos qué pensar, qué sentir y qué hacer. Transformar un fracaso en éxito requerirá que asumas el 100 % de responsabilidad.

Somos creadores de nuestros logros y de nuestros errores. Ni el éxito ni el fracaso pueden ser delegados; el control y la dirección de los mismos dependerán de tu compromiso con ambos. Hay una frase de autor anónimo que dice: **«El éxito es conseguir lo que se quiere, la felicidad es querer aquello que se consigue.»**

> **Ser responsable es ser autor; estamos condenados a ser libres.**
>
> Jean-Paul Sartre

2. ¿A QUIÉN ESTÁS ESCUCHANDO?

Todos, a lo largo del día, oímos diferentes voces, pero hay un momento justo en que debemos saber a qué voz reaccionar para transformar ese fracaso en éxito. Ninguna voz exterior puede determinar quién eres. Tu voz interior, la auténtica, la que responde a la voz del que te formó, es aquella voz que desea que prosperes en todo, así como prospera tu alma y tu mente. Esa voz es la que ligará tu prosperidad al crecimiento de tu mente. Si tu mente prospera, tu estima será sanada y crecerás en cualquier área donde necesites proyectarte y crear y, desde ese lugar, la visión que establezcas para tu futuro te permitirá decidir sin presión y añadirá años a tu vida. Si tu deseo es vivir muchos años, comienza a soñar cosas grandes, proyectos brillantes y renovadores.

Recuerda que el mundo de las posibilidades es para aquellos que se atreven a pisar donde otros ni siquiera soñaron con poder ir. Detente un instante y observa todo lo que está por delante, todo lo que estás por conquistar, y actúa.

El escritor Ernie Zelinski sostiene: «¡La oportunidad llama a su puerta con frecuencia! Y la cuestión es: ¿con cuánta frecuencia está usted en casa?» Reconocer tus realidades internas y descubrir en qué eres único y diferente de los demás es necesario para que puedas definir en tu mente y en tu interior qué es lo que esperas.

Cuando le preguntaron a Leonardo da Vinci cuál había sido su mejor logro y éxito en la vida, él contestó con orgullo: «Leonardo da Vinci.»

Como Da Vinci, tu éxito no depende de las palabras de la gente, del lugar donde los otros te coloquen, ni de las situaciones que vives a diario, sino de la visión y los pensamientos que generes para transformar cada reto en éxito. Muchos pueden manifestar tener éxito en el mundo exterior y en sus vínculos interpersonales y, sin embargo, sentirse igualmente fracasados. Samuel Johnson dijo: «Casi todas las personas invierten parte de sus vidas intentando mostrar cualidades que no poseen. Tal vez el otro no sepa lo que sucede en su mundo interior, pero con que tú lo sepas alcanza para obstaculizar nuevos retos.»

> No soy capaz de escribir un libro a la altura de lo que escribe Shakespeare, pero puedo escribir un libro como yo.
>
> Sir Walter Raleigh

David P. Helfand, coordinador de *counseling* en la Universidad de Illinois en Chicago recomendaba: «Para averiguar cuáles son sus valores, intente primero dar un sentido y un objetivo a su vida y su trabajo. A la hora de establecer prioridades, usted tendrá que pensar más profundamente acerca de lo que es importante en su vida. La tarea de identificar y evaluar sus valores le llevará a conocerse mejor. Con cada decisión que tome, no importa si esta es o no importante, usted está afirmando lo que realmente le importa.»

El problema reside en que la mayoría de las personas quisieran tener lo que no tienen y ser lo que no son. Las mujeres en su mayoría anhelan ser delgadas, bellas y eternamente jóvenes; los hombres también en una etapa de la vida rehúsan envejecer y perder lo que la juventud les otorgaba; y, en esta lucha constante por no saber ni reconocer quiénes son, viven anhelando ser otros, olvidándose de sus objetivos y su propósito. Y en este vivir de prestado perdemos nuestra identidad, sin percibir que un estilo propio de vida es el que deja huella y herencia a las futuras generaciones. El libro del profeta Jeremías en el Antiguo Testamento decía: «¿Mudará el etíope su piel y el leopardo sus manchas?»

¿En qué estás invirtiendo más tiempo?, ¿en mejorar la persona que eres o en intentar ser, la mayor parte del tiempo, otro?

No pierdas el tiempo en esforzarte en ser quien no eres, no hay nada más desgastante que aparentar ser lo que no somos. No hay mejor recompensa que ser reconocido por nuestra propia creación.

A partir del momento en que podamos visualizar mucho más nuestro mundo interior, más fácilmente encontraremos las respuestas a todo lo que nos demanda el exterior. Concéntrate y dispón el tiempo en todo aquello que amas.

El compromiso es con nuestra visión, no con lo que los otros nos prometen. Escuchar la auténtica voz interior nos permitirá tomar mejores decisiones y disfrutar de cada una de ellas. Ten en cuenta que cuanto más la visualices y te identifiques con ella, en mejores condiciones de crear más posibilidades de concretarla estarás.

3. A VIEJAS DEBILIDADES, NUEVAS FORTALEZAS

Las estadísticas informan que las personas que saben controlar adecuadamente sus emociones y escuchar al otro sanamente adquieren mayores beneficios en cualquier área en que se proyecten. En 1868, el matrimonio Standford, después de dieciocho años de casados, dio a luz a Leland Stanford Jr., quien se convirtió en el centro de la felicidad de esta pareja. Pero esta alegría duró poco tiempo. A la edad de quince años este joven murió de fiebre tifoidea, con lo cual la vida de sus padres cambió notablemente.

Ante esta tremenda pérdida, ambos padres decidieron ir a la Universidad de Harvard a hablar con el rector para proponerle la creación de una universidad en memoria de su hijo, con el objetivo de que cientos de jóvenes pudieran estudiar.

Después de hacerlos esperar bastante tiempo, el rector los recibió. La pareja le contó la idea que tenían, a lo que el rector, muy enojado, respondió: «No me hagan perder el tiempo, por favor retírense. Levantar un edificio cuesta mucho dinero, tanto como siete u ocho millones de dólares.»

El rector solo observó que la pareja no iba bien vestida y que su acento era rústico, por lo que la prejuzgó y rechazó la propuesta.

Ante esta respuesta, el matrimonio Stanford decidió construir la universidad en memoria de su hijo en otra localidad, Palo Alto.

El rector de Harvard perdió un edificio de ocho millones de dólares por no saber respetar, escuchar y discernir el verdadero mensaje que «el otro» estaba dando.

> Estar seguro de sí mismo es el rasgo que permite ver la victoria donde los otros ven la derrota, encontrar esperanzas donde los otros solo ven el lado pesimista, ver las oportunidades donde los otros ven los obstáculos.
>
> **James B. Arkebauer**

No podemos modificar las conductas de los otros, pero sí tener dominio propio sobre nuestras emociones y pensamientos. Winston Churchill decía que las personas primero dan forma a sus construcciones y después son esas construcciones las que dan forma a las personas.

Define en qué eres bueno, ten claras tus capacidades.

- ¿Cuál es tu patrimonio personal?
- ¿Qué cosas te consta que haces bien y las haces como nadie?
- ¿Cuál es tu don predominante?

Hay algo que sabes hacer, y es lo que mejor haces, ese es tu don. Descubre tus puntos fuertes y sé consecuente con ellos. Sé brillante en tu fortaleza, no permanezcas ni pierdas tiempo en tu debilidad.

Y, en lo que mejor te desempeñes, agrega una buena carga de estima y cuéntalo como si fueras el mejor del mundo.

> Aquel que conoce a otros es sabio, mientras que aquel que se conoce a sí mismo es culto.
>
> **Lao-Tse**

Durante siglos, nuestra educación se basó y puso énfasis en lo que no sabemos, impulsándonos a mejorar en ello, en las debilidades, para terminar siendo mediocres en todo. Trabajar en algo que nos agote nos debilita y nos aleja de nuestro propósito.

Durante años nos ocupamos de lo que no sabemos, en lugar de ocuparnos del potencial que está dentro nuestro y nos compete desarrollar.

Reforzar lo negativo nos determina a estar más pendientes de las opiniones que los demás tienen sobre nuestras capacidades que de lo que nos consideramos capaces de realizar.

El hombre de negocios Dan Sullivan sostiene: «Si se dedica mucho tiempo a trabajar en las debilidades, se termina con muchas debilidades fuertes.»

¿Cuántas personas conoces que saben un montón de cosas, pero de todo un poco, sin excelencia?

Cuando la granja que tenía Robert Schuller, de diecinueve años, fue brutalmente destruida por un tornado, su padre, que tenía sesenta y cinco años y andaba con bastón, le aconsejó irse a dormir tranquilamente, porque por la mañana tendrían que ponerse en marcha. «¿Ponerse en marcha? —preguntó Schuller—, pero ¡si no ha quedado nada!» Después de un momento de silencio, su padre le contestó: «Nunca mires lo que has perdido, siempre mira lo que te ha quedado.» Compraron una casa vacía por cincuenta dólares, la desmontaron madera por madera y la volvieron a montar a su gusto.

Concéntrate en lo que tienes y sabes administrar, no en lo que te falta.

Si descubres para qué eres bueno, el fracaso nunca será una opción ni una alternativa posible. Un artículo de la revista *Fast Company,* de noviembre de 1998, rezaba: «Cuando tenemos que actuar de una manera que no es natural en nosotros, experimentamos un tipo de estrés que afecta nuestra productividad y nos hace sentir insatisfechos. En cambio, cuando el trabajo nos permite utilizar nuestros talentos naturales, producimos al máximo.» No pierdas tiempo con tus debilidades.

> **Desde un punto de vista totalmente egoísta, mejorarte a ti mismo es mucho más provechoso que intentar mejorar a los demás.**
>
> **Dale Carnegie**

¿Cuáles son tus fortalezas, tu pasión? ¿Qué es aquello que te apasiona, aquello que no te cansas de hacer una y otra vez y no te molesta? ¿Cuál es tu obsesión? ¿En qué área eres excelente y eficaz, en qué situaciones de aprendizaje eres más competente?

Enuméralas, léelas:

_____

_____

_____

_____

Ahora bien, estas son las actividades donde desempeñas y pones de manifiesto tus fortalezas, aquello que te compromete al ciento por ciento. Son las fortalezas las que nos llevarán al éxito, no las debilidades.

Fuimos creados para vivir y no para existir. Los exitosos conocen estos principios.

Robert Kriegel, autor del conocido libro *Tenga éxito en los negocios sin matarse en el intento*, estudió diversas empresas para poder conocer el porqué de sus éxitos o fracasos. En uno de sus estudios, dio a conocer que las empresas AT&T, Sprint y MCI/WorldCom no fabrican sus teléfonos ni sus cables. Ellos se dedican a lo que mejor saben hacer: manejar las relaciones con los clientes y desarrollar mejores estrategias para brindar mejores servicios.

> Si usted cuenta con la habilidad, cree en sí mismo y puede concebir algo, entonces tiene que tener la determinación de hacerlo.
>
> **Dr. Bernard Harris**

Optimizando cada habilidad que poseas, tu rendimiento y tus resultados serán mucho mejores.

No basta con pensar que lo estás haciendo lo mejor posible, debes hacerlo mejor aun para revertir cualquier fracaso en éxito.

Nadie jamás pensó que Charles Darwin, los Beatles o Elvis Presley tenían, en sus comienzos, ni el potencial ni la energía que necesitaban para triunfar. ¿Cuántos rechazos recibieron cada uno de ellos en sus comienzos? ¿A cuántos «no» debieron enfrentarse? Pero aun a ellos, a los que en algún momento recibieron fama, gloria, ovación, aplausos, y hoy son recordados a través de la historia, en muchas ocasiones les dijeron «no».

El tema aquí es que «el otro» no está obligado a saber del potencial y la energía que hay en tu interior para convertir lo que hoy no es en un gran éxito del mañana. Solo tú conoces la esencia con que fuiste creado. Ellos, al igual que nosotros, debieron descubrir la cepa que había en su interior.

Todo lo que haces vale la pena. Nunca menosprecies y restes importancia a cada paso que das.

Las decisiones y las elecciones que permanentemente hagas son las que definirán a la persona en que día a día te conviertes.

> Ayer uno fue aquel y hoy uno es este. Pero es útil ver hoy el que uno fue ayer, porque en esta dialéctica se está construyendo el que uno será mañana.
>
> **Eduardo Pavlovsky**

Que los demás nos adulen y nos convenzan de nuestra visión no nos adelanta en nuestro proyecto. Nosotros somos quienes necesitamos saber que lo lograremos. A mayor seguridad y confianza, mayor éxito; a mayor inseguridad, mayor fracaso.

El autor del libro *Los cien secretos de la gente exitosa* sostiene: «No importa si usted dirige una empresa o clasifica cartas en la oficina de correos; triunfar en lo que hace comienza por apropiarse de la tarea.»

Nuestras acciones no solo establecerán nuestro futuro, sino que también se ocuparán de decir quiénes somos. Llenar nuestra mente de propósito y visión nos permitirá enamorarnos de lo que diariamente construimos.

> La vida es una elección, no algo que nos ocurre.
>
> **Lacey Benton**

Hay momentos en los que necesitas preguntarte en qué estás invirtiendo tu tiempo, cuánto inviertes en acciones que ponen de manifiesto tus fortalezas y cuánto en tus debilidades.

- Registra los resultados que obtuviste en ambas preguntas y, de acuerdo con ello, replantea tu lista de prioridades.
- Recuerda que, al potenciar tus fortalezas, tu estima y

tu capacidad de innovación mejorarán notablemente. ¿Qué porcentajes de resultados obtuviste en la primera pregunta y cuántos en la segunda?

- Recuerda las palabras del presidente J. F. Kennedy: «Para ser valiente no se necesitan cualidades excepcionales, ni fórmulas mágicas, ni una combinación especial del tiempo, el lugar y las circunstancias. Es simplemente una oportunidad que tarde o temprano se nos presenta a todos.»

4. ¿CÓMO DEJAR DE SER NUESTRO PEOR ENEMIGO?

El mundo avanza a pasos agigantados. A cada momento, nos exigen resultados. Somos parte de una sociedad que continuamente nos avergüenza, exponiendo públicamente nuestros errores y defectos y no los logros obtenidos, al mismo tiempo que nos encontramos expuestos a las proyecciones que permanentemente los otros realizan sobre nuestra propia vida. Ideas, sugerencias y proyectos que sin querer se nos hacen carne incorporándolas a nuestro sistema de creencias y a nuestro interior, sin darnos cuenta de que ninguno de ellos nos pertenece. Para muchas personas, tu éxito es su fracaso. Proyectamos en los otros frustraciones, conflictos y heridas no resueltas que preferimos poner en el afuera en lugar de hacernos cargo de ellos y solucionarlos.

Algunos investigadores explican que todos tenemos necesidades:

1. Fisiológicas: todos necesitamos comer y dormir para nuestra supervivencia.

2. De seguridad: todos necesitamos sentirnos seguros.

3. Emocionales: amor, estima, tener paz en el corazón.

4. De pertenencia: pertenecer a una familia, a un grupo, ser parte de algo.

5. De realización: una vocación, tener dinero, ir de vacaciones.

6. Espirituales: ser parte del hecho de ver a todas las personas sanadas, restauradas y gozando de todos los derechos que les corresponden por ser seres humanos. El echar culpas y el proyectar en los otros la tensión que sentimos por creer que no somos capaces o que no sabemos resolver, no transformará la necesidad existente. Y así, proyectando falsos conceptos e imágenes te ocupas más de los otros que de ti mismo, lo que da por resultado que te conviertas en tu propio enemigo.

Pero lo malo no se critica ni se proyecta, lo malo se corrige.

> La extraña paradoja es que cuando me acepto tal como soy, entonces puedo cambiar.
>
> **Carl Rogers**

Pareciera ser que lo que sabías hasta hoy, ya no sirve más. Las oportunidades y las posibilidades de éxito ya no dependen de permanecer veinte años en el mismo puesto de trabajo, sino de lo que cada uno de nosotros sea capaz de generar y producir.

Mary Jane Murphy, especialista en orientación profesional y psicoterapeuta, observó que el 30 % de sus pacientes realizan algún tipo de psicoterapia antes de postularse ante una nueva posibilidad laboral. El miedo a cometer los mismos errores una y otra vez los transforma en personas inseguras y, al mismo tiempo, en individuos proclives a volver a fracasar.

Esperar que el cambio y el progreso provengan de los otros nos mantiene en una permanente desvalorización.

Luchar por ser quienes no somos nos convierte en seres desdichados. Las huellas digitales son únicas y propias. Determínate a pasar más tiempo contigo mismo, no eres el inquilino de tu vida, eres el dueño.

> El mayor creador de problemas que jamás conocerás es la persona que contempla cómo te maquillas o cómo te afeitas en el espejo cada mañana.
>
> Dicho de un vaquero anónimo

Tu herencia no es pobreza, enfermedad, tristeza, legalismo, fracaso, sino éxito y prosperidad. Ensancha tu tierra, los perímetros donde hasta hoy te has movido. Ensanchar es rompimiento, y no me refiero solo a cantidad, sino a moverse en una actitud libre de los demás.

Llega un momento en que necesitas dar vida a todo lo que está dentro de ti para dejar atrás el fracaso; libera la creatividad, la autoridad y el poder que tienes para dar vida a lo que todavía no es pero que, en tu mente y tu alma, ya ha sido establecido.

Por todo lo expuesto, es el momento de que identifiques quién eres y te deshagas de todas las creencias erróneas y proyecciones que falsamente quieren identificarte y que ya no te sirven para revertir ese fracaso en éxito o aceptación. No hay nada mejor que ser auténtico, no ser tan duro con uno mismo, perdonarse y no convertirse en nuestro peor enemigo.

5. EN RESUMEN

¿Quién eres?

Se cuenta que una mujer agonizante se vio llevada, de repente, ante un tribunal celestial.

—¿Quién eres? —le preguntó una voz.

—Soy la mujer del alcalde —repuso ella.

—Te he preguntado quién eres, no con quién estás casada.

—Soy la madre de cuatro hijos.

—Te he preguntado quién eres, no cuántos hijos tienes.

—Soy maestra de escuela.

—Te he preguntado quién eres, no cuál es tu profesión.

—Soy cristiana.

—Te he preguntado quién eres, no tu religión.

—Soy una persona que iba todos los días a la iglesia y ayudaba a los pobres.

—Te he preguntado quién eres, no qué hacías...

4

¿FRACASO O MALA SUERTE?
¿ÉXITO O BUENA SUERTE?

1. ¿SUERTE O PROPÓSITO?

Cuando saludan, muchos dicen: «¡Suerte!» También se oye exclamar: «¡Qué mala suerte tengo!» Y todo lo que sucede alrededor de su vida lo relacionan con un golpe de suerte o una casualidad.

Por cierto, existe gente a la que todo le sale mal en todos los ámbitos en que se maneja, tanto en lo social como en lo económico, aun en el familiar. Incluso ellos mismos se consideran personas «gafes» o de mala suerte. Pero nada de esto es así. No existe la casualidad, sino la causalidad. Suerte es estar en el lugar adecuado a la hora apropiada.

Shirley MacLaine actuaba en un coro desconocido; pero un día la actriz-bailarina principal se rompió una pierna y ella fue la elegida para sustituirla. A partir de ese día comenzaron a llamarla y empezó su camino hacia la fama.

Un psicólogo inglés estudió durante diez años a personas con buena y mala suerte, y descubrió que la suerte no existe, sino que hay gente con ciertas características que les hacen estar en el lugar y el momento correctos.

Otra conclusión a la cual arribó es que las personas afortunadas, realmente lo son en todas las áreas de su vida, mientras que quienes se consideran desafortunados o nacidos sin estrella, fracasan en todo lo que emprenden.

En verdad, lo que necesitamos saber es que nadie nace ni con buena ni con mala suerte, ni con mejores o peores genes, ni «con estrellas o estrellado». No nacemos con una herencia de buena o mala suerte; tampoco, al nacer, traemos una carta escrita donde estén fijados todos los pasos que vamos a dar. El destino lo hacemos nosotros cada día al elegir y decidir qué hacer. Libremente elegimos y moldeamos nuestro propio destino, haciéndonos cargo de todo lo que suceda en él. Recuerda que somos los productores y directores de nuestra propia vida. Nacemos con todo un potencial y una capacidad creativa que puede atraer hacia nuestra vida lo que nosotros mismos nos encarguemos de generar.

A cada persona le corresponde trabajar para atraer la bendición, el bien y el éxito a su favor. El tema es cómo hacerlo. ¿Ganador se nace o se hace? ¿Naces fracasado o te conviertes en una persona fracasada? ¿Por dónde empezar?

Hagámoslo por las elecciones, decisiones, aptitudes y actitudes correctas. El éxito, los beneficios y los logros se obtienen cuando comienzas a ocuparte y a trabajar en aquello que es tu pasión.

Dustin Hoffman escribió que a él le había costado diez años obtener el éxito. El fundador de McDonald's, Ray Kroc, escribió: «El éxito me llegó al amanecer, tras una larga noche de treinta años.»

La suerte y el éxito requieren de una vida constante, perseverante, audaz, desafiante y equilibrada. Una conexión de oro, una oportunidad de oro y un puente de oro harán que todo lo que estuviste diseñando durante tanto tiempo, lo veas concretado en una fracción de segundo. El hecho siempre es empezar, y a continuación terminar. «La buena suerte es tímida, nunca se presenta cuando estás mirando.»

Donna Karan no era diseñadora de ropa, Edison dejó la escuela a los seis años, Bill Gates abandonó el bachillerato; pero todos ellos sabían que, en su interior, tenían las habilidades necesarias para inclinar la balanza del éxito hacia su favor. Trabajaron y tuvieron éxito, pero no suerte.

Pero mientras unos trabajan y se esfuerzan por cumplir con sus objetivos, muchos otros utilizan la excusa de la mala suerte para justificar todo aquello que decidieron no hacer.

¿Mala suerte o falta de decisión? ¿Mala suerte o facilidad? ¿Mala suerte o adormecimiento?

El tema aquí es poder reconocer quién es el verdadero responsable de la realidad en que vivimos, si el factor suerte o mala suerte, o nosotros mismos.

Muchos deciden acostarse cómodamente en un sillón a descansar, esperando que algo mágico pase en sus vidas, para luego decepcionarse cuando nada sucede.

Y es en esos momentos cuando comienzan a pensar que el destino les está jugando una mala pasada. Y desde ese lugar del adormecimiento comienzan a buscar equivocadamente a quienes piensan que pueden ayudarlos a construir su futuro.

Y allí están los que te dirán: «¿Quieres que te lea el futuro?»

El futuro no está escrito ni en las líneas de la mano ni en las cartas, ni en los caracoles ni en los astros. El futuro, el fracaso y el éxito están en tu boca y en tu mente. Tu hoy y tu mañana dependerán directamente de lo que hoy te animes a soñar y visualizar en tu espíritu, porque es ahí donde nacerán las acciones. Cuando empiezas a soñar, a proyectar tu visión, cuando tus estacas son removidas, cuando tu mente no tiene límites, cuando decides cómo vivir es cuando comienzas a atraer tu futuro a tu presente.

Día a día, cada mañana, pregúntate y determina lo que vas a vivir, proyecta tus próximos años de vida. ¿Qué es lo que estás persiguiendo?

Los dueños de su propio destino no esperan ir al casino para ser prósperos; estudian, se perfeccionan, son audaces, se atreven y planifican.

Los científicos no esperan que un golpe de azar resuelva sus investigaciones, sino que estudian, prueban, investigan, se esfuerzan para llegar al resultado que buscan.

La buena suerte es el resultado de estar centrado en los objetivos y estar haciendo la parte que te corresponde dentro de tu propósito.

> **Las personas felices se permiten ser felices; las infelices siguen haciendo cosas que aborrecen y que las perjudican, contribuyendo a su infelicidad.**
>
> **Doctor David Niven**

Lo que las personas llaman buena racha, golpe de suerte, es el resultado de lo que cosechaste, de lo que sembraste y de lo que, tal vez, pusiste en marcha sin saber que son conceptos que funcionan. Estos son algunos de ellos:

1. En las relaciones con el otro está el éxito.
2. En tu alrededor están las oportunidades que necesitas.
3. Hablar y ver lo positivo.
4. El favor y todo lo que necesitamos está dentro de uno.
5. Profesar fe en todo lo que se hace y se piensa.

Las personas viven afanosas, ansiosas y angustiadas por querer anticiparse al destino. Parecería que no sintieran el suficiente dominio propio para tener el control de sus emociones y de los hechos. Pero en esa búsqueda desenfrenada y angustiante vivimos una vida equivocada.

Por cierto, habrás escuchado a muchas personas que dicen: «Pero si yo hago todo bien, no hago mal a nadie, ¿por qué no tengo suerte y todo me sale mal?» Y dentro de ese mismo pensamiento equivocado está el error que bloquea y limita el futuro. Y cuando de esto se trata, cuando la vida no tiene objetivos claros, metas diseñadas, estrategias establecidas de hacia dónde queremos llegar, sueños y visiones, deducimos que tenemos mala suerte. Pero esto no es mala suerte, sino el resultado de estar viviendo una vida sin propósito y sin destino. Mientras vivamos un destino equivocado, la «suerte» no tocará a nuestra puerta. No alcanza con hacer cosas buenas, sino que es necesario vivir con determinaciones, visión y objetivo. Necesitas descubrir para qué fuiste llamado, porque aunque hoy estés atravesando una circunstancia difícil, sabes cuál es tu herencia y tu promesa, y hacia ella estarás enfocado. Todo lo que vemos en la tierra fue creado para un determinado fin, al igual que tú y yo. Todos tenemos propósito. ¿Fracaso o éxito? Ambos estarán sujetos a tu reacción. El éxito no estará ligado a tu suerte, sino a tu esfuerzo, y el fracaso no estará sujeto a la mala suerte, sino a elecciones y decisiones incorrectas. Depende de lo que pienses, lo que pienses es lo que crece en tu vida.

Los exitosos piensan que un error o un fracaso no es tan malo, nada que no pueda ser transformado con nuevas ideas y decisiones.

> La única racha de suerte en la que se puede confiar es aquella en la que usted mismo cree.
>
> **J. Mayer**

Los fracasados se detienen ante el error lamentándose por su mala suerte, renunciando a todo lo que está por delante. Los exitosos saben que, para ganar, habrá cosas que deberán abandonar. ¿Tu pareja te abandonó, perdiste el trabajo, no te dieron ese aumento salarial que esperabas, ese negocio que te propusieron finalmente no se hizo, se canceló ese proyecto que tenías en mente?

Todo eso puede pasar en un instante o en el transcurso de una semana. Todo esto es parte de la vida, de aquellas situaciones por las que atraviesan millones de personas a diario: fracasar, equivocarse.

No es mala suerte, no hay ni estrellas ni astros que estén en tu contra; a veces, independientemente de lo que uno haya intentado, el resultado no es el esperado. El paso siguiente es volver a intentarlo. Esta vez seguramente saldrá mejor, ahora cuentas con experiencia y aprendizaje para no quedarte parado a mitad del camino.

El final se fijará solo en el momento en que aceptes que llegaste a él.

2. EN RESUMEN

La culpa no está en nuestra propia estrella, sino en nosotros mismos.

WILLIAM SHAKESPEARE

5

DESCUBRIR TU PROPIO GENIO

1. ¿GENIO O MEDIOCRE?

La capacidad y el potencial que cada ser humano adquiere desde el momento que nace son inmensos. Nuestro cerebro está formado por cien billones de células. Cada una de ellas está conectada a otras veinte mil células a través de dendritas y neuronas. Es decir, que la cantidad de ideas que pueden surgir de estos millones de combinaciones son infinitas.

Es por eso por lo que me atrevo a afirmar que todos somos genios en potencia; dentro de ti hay un don que te hará ser un genio, te hará crecer. El hecho es que muchas personas no saben que lo son hasta el tiempo en que se presentan las oportunidades para descubrir quién es uno verdaderamente.

Cada fracaso, cada error o dificultad, cada situación inesperada por la que atravesamos nos

> Hay miles de genios que viven y mueren sin ser descubiertos, ya sea por ellos mismos o por otros.
>
> **Mark Twain**

habilitará a despertar ese genio que duerme en nuestro interior. Y para un genio, como todos sabemos, no hay nada imposible.

Todos somos un poco genios, cada uno de nosotros tiene habilidades y actitudes que nos hacen extraordinarios y nos destacan en todo lo que hacemos. Los genios son fluidos en su hablar y su actuar; pero existe una palabra que por cierto desconocen y que no pertenece a su vocabulario: EXCUSA. Sin embargo, esta palabra es la más conocida para aquellos que, siendo «genios», deciden vivir permanentemente dentro de su lámpara.

¿Has pensado en la cantidad de excusas que a diario las personas utilizan para explicar lo que no hicieron y deberían haber hecho, para justificar lo injustificable, buscando argumentos que traten de explicar lo que no se atrevieron a hacer o resolver?

Vivimos dando argumentos y explicaciones tales como «si no hubiera sido», «si me lo hubieran dicho antes», «si no hubiese abierto la boca», palabras, palabras, que no solucionan ni resuelven nada en absoluto. El problema sigue estando en el mismo lugar, desconociendo que, haciéndome cargo de lo que sucede, seré parte de la solución.

Pero todo tiene su tiempo, llegó la hora de comenzar a frotar la lámpara, la mente, el espíritu, el potencial y de decidirte a ser ese genio en potencia que está escondido dentro tuyo y que aún no se animó a decirle al mundo quién es y lo que es capaz de hacer. Es fácil desenfocarse si permaneces durmiendo mucho tiempo. ¡Despierta a tu genio! Paul Valery decía: «La mejor manera de hacer que tus sueños se conviertan en realidad es despertarse.»

Tu capacidad es ilimitada, como lo es tu fuente, tu Creador.

Tu genialidad y el deseo y la ambición por revertir ese reto en éxito harán que esas células estallen en cientos de ideas, proyectos, oportunidades y determinen las soluciones para cada problema que se presente.

Todo tiene su tiempo oportuno, hay un tiempo para todo lo que se hace bajo el cielo. No hay fracasos que no puedan ser revertidos.

2. LOS EXITOSOS NO SE ANDAN CON EXCUSAS

Yo erré más de nueve mil lanzamientos a canasta en mi carrera. He perdido casi trescientos partidos. Veintiséis veces me confiaron el lanzamiento que suponía la victoria... y erré. He fallado una y otra vez en la vida. Y es por eso que triunfo...

MICHAEL JORDAN

a. ¿Qué es una excusa?

Según el diccionario, una excusa es un motivo o un pretexto usado para eludir una obligación. Eres libre de decidir qué pensar, qué sentir, qué hacer y de cada excusa que aduces para justificar lo que no hiciste. La excusa es la excusa perfecta que diferencia a los genios de los fracasados.

- Los genios saben capturar el *cronos*, el tiempo en el cual las ideas y las oportunidades de oro dan a luz para cumplir esa visión que está arraigada en tu alma y tu espíritu.
- Los genios ven en cada partido, en cada fracaso, en cada sueño, una oportunidad de conocerse a sí mismos y de que el mundo los conozca.

- Los genios, los que salieron de la lámpara, de su refugio, de su escondite, arrebatan todo lo que quienes duermen dejan pasar.
- Los genios no usan excusas, ni intenciones, actúan sí o sí. Saben que intentar no es conquistar, tomar y hacer propio lo que les pertenece.
- Los genios no echan la culpa de sus fracasos y errores a los otros, ni al tiempo, ni a su herencia, ni al gobierno de turno. Saben cuál es su responsabilidad y lo que les toca hacer.
- Los genios siempre encuentran la manera de resolver sus errores. Los fracasados solo se ocupan de buscar excusas.
- Los genios saben reconocer cuándo un error les compete, por eso, cuando arrebatan el éxito, el resultado lleva sus nombres.

> **Que no te preocupe a quién alabas, pero ve con cuidado con culpar según a quién.**
>
> **Edmund Gosse**

G. W. Carver declara que el 99 % de los fracasos corresponden a personas que tienen la costumbre de poner excusas.

El porcentaje que cita este autor es sorprendente pero clarificador. Las excusas llevan consigo un alto grado de fracaso. Es por eso que muchas personas se preguntan: «¿Por qué el otro siempre logra lo que quiere, y yo no?»

¿Acaso será que mientras unos duermen y se excusan, los genios derriban muros, vallados, montes, desafiando y provocando los resultados que esperan?

¿O tal vez sientes que todo tu alrededor te aburre y no te incentiva? ¿Son ellos o eres tú?

Ellos saben qué es una ilusión, un sueño, una fantasía, pero no viven ni se alimentan de ella.

Dylan Thomas decía: «Alguien me está aburriendo; creo que soy yo.»

¿Qué es lo que inspira a los genios a seguir y seguir, y no abandonar la carrera en la cual están inmersos? ¿Es algo especial que ellos tienen y tú no?

El éxito no conoce de vacilaciones, ni de letargos, ni de adormecimientos, ni de aburrimientos, sino de una superación y una mejora interior y exterior permanente.

¿Por qué interior?

Porque solo una persona sana y libre emocionalmente de la gente puede conectarse y relacionarse con aquellos que serán conexiones de oro para su desafío o reto. ¿Cuántas personas ingresaron a tu lista en los últimos cinco meses? ¿Creció? Esto es lo que los analistas llaman actualmente una red de *networking*; por cierto, indispensable para todo aquel que busca parir retos, desafíos y ver realizados sus sueños.

¿Por qué exterior?

Porque también debes cuidar tu cuerpo para estar saludable en calidad y cantidad de años, para ver concretada cada visión y no partir antes de tiempo. Es tiempo de aprender a cuidarnos por dentro y por fuera. Todo ayuda en el camino del objetivo. Todo ayudará bien a los que tienen propósito y destino. Saben que en toda labor hay fruto, más las vanas palabras de los labios empobrecen, según nos recuerda la Biblia (Proverbios 14, 23).

La gente de propósito no conoce ni de culpas ni de excusas, sino de acción y de convertir su vida en un desafío diario. Seguramente en la acción surjan imprevistos que debas solucionar sobre la marcha. Hay un grado de elementos fortuitos que no puedes calcular, pero nada que, con una buena salud mental, no puedas solucionar.

Nadie dirige tu vida, solo tú. A los genios, a los que llegaron a la cumbre, a los fundadores de empresas, no los atemorizaron los riesgos a tomar, ellos desconocían las palabras **«imposible»**, **«no sé»**, **«¿resultará?»**, **«¿tal vez?»**.

Ellos eligen buscar cada momento la solución, no optan por las excusas. La excusa es la explicación que uno mismo expone para sentirse tranquilo con su conciencia. Los exitosos desafían los supuestos y los convierten en éxitos tangibles, reales y verdaderos. Saben del riesgo que asumen, pero también se conocen a sí mismos y reconocen la verdadera inspiración y el motivo que los impulsa a llegar a la meta.

b. Los ciclos de la excusa

Las personas que no se animan a alcanzar sus objetivos, que no se la juegan por ellos, viven dando explicaciones de por qué no concretan sus sueños, ocupándose de transformar cada explicación en excusa. Pero ninguna de estas excusas sirve para resolver la situación.

El escritor John Mason en su libro *La imitación es una limitación* sostiene: «Una excusa es la supuesta prueba de que usted hizo lo que no hizo, para que otros crean que usted no hizo lo que hizo; sin embargo, a pesar de todas sus explicaciones posibles, el fracaso y el error siguen existiendo.»

A partir del momento en que

> El zorro le echa la culpa a la trampa y no a sí mismo.
>
> **William Blake**

verbalizas una excusa, lo primero que haces es convencerte a ti mismo de lo que estás diciendo: «Es que vivo lejos», «Mis hijos no me dejan tiempo para nada», «No me dejan crecer», «A mí me gustaría, pero no tengo dinero», «Trabajo mucho»...

Y, como segundo paso, asumes una posición de víctima, de pena y fracaso, y pones cara de víctima. Y, por último, encuentras las excusas perfectas para no concretar nada.

Sé práctico, sé concreto, las excusas no sirven. Eres el mejor para tu sueño. Si ese sueño nació en tu mente y en tu espíritu, es porque eres la persona indicada y correcta para llevarlo a cabo. Cada acción tiene un resultado, un efecto. No podremos cambiar los resultados a menos que cambiemos nuestro comportamiento. Para cada fracaso hay una nueva oportunidad y un nuevo desafío.

Si piensas que eres un triunfador y que nada te detendrá en el camino a tu sueño, sucederá de esa forma.

> Se acaba siendo lo que se piensa la mayor parte del tiempo.
>
> **Brian Tracy**

Lo que suceda a partir de ahora, dependerá de la forma en que te relaciones con cada meta que tengas delante. Para prevalecer, hay que saber detenerse a tiempo, ver los errores, las debilidades del proyecto y tener la valentía para comenzar otra vez.

3. ASÍ COMO PENSAMOS, SOMOS

Séneca dijo: «Un hombre es tan miserable como él piensa que es.» Y Virgilio afirmó: «Ellos pueden, porque piensan que pueden.» Preferible hacer y perder, que no perder pero nunca haber intentado nada.

Alguien dijo que la vida es como un gran *show* donde cada uno de nosotros somos los protagonistas. Cuando nacemos se levanta el telón, se enciende las luces y la idea es que salgas como protagonista de tu vida a hacer un gran espectáculo, una gran representación de lo que es tu vida. El problema es que muchos se asoman al escenario de la vida con proyectos pobres, pequeños, con planes pequeños, cuando en realidad ya ha llegado el momento de hacer grandes cosas, de tener grandes ideas. Naciste para impactar al mundo.

> Es imposible que un hombre sea defraudado por otra persona que no sea él mismo.
>
> Ralph Emerson,
> poeta y ensayista

No hay nada peor que hacer en pequeño lo que bien se podría hacer en grande. Tal vez hiciste algo pequeño cuando podrías haberlo hecho a lo grande; quizá te adormeciste, temiste, dudaste y preferiste pensar en pequeño.

Helen Keller insistía: «La seguridad es más que nada una superstición. No existe en la naturaleza [...] de los hombres como una experiencia global. A la larga, evitar el peligro no es más seguro que exponerse a él. La vida es una aventura atrevida o no es nada.»

La vida es un don de Dios, y tú fuiste creado para comer, beber y disfrutar de todo lo que está a tu disposición. Vive una vida abundante y, al mismo tiempo, cuida de ti mismo.

Las veinticuatro horas del día estamos con nosotros mismos. La gente puede molestarnos o distraernos del objetivo, pero, en determinado momento, ellos pueden salir de nuestra vida, aunque nosotros no.

Másters, doctorados o un coeficiente intelectual elevado no te facultan para detenerte y excusarte ante el primer obstáculo. El éxito no lo determinan los títulos ni los apellidos, sino una mente llena de estima, confianza y libre de prejuicios y heridas emocionales.

Fracaso es no conquistar tu sueño, tu visión; fracaso es no transformar el error cometido. La opción más simple y más fácil no es la que te acercará al resultado que estás esperando.

Crece con cada error o con cada circunstancia difícil que tengas que atravesar.

El aprendizaje del error no puede ser en vano. Crece con cada oportunidad, sea buena o no, dado que todo aquel que crece menos que sus resultados termina aplastado por ellos.

> Hay muy poco que pueda detener a un hombre que se ha angustiado a sí mismo.
>
> **Luis XIV**

Todos hemos pasado por fracasos y situaciones en las cuales no nos hubiera gustado tener que participar; sin embargo, al haber superado cada uno de ellos, nos damos cuenta de que hemos salido fortalecidos.

Una mente multidireccional se mueve dentro de un sinfín de posibilidades, una mente abierta genera cientos de ideas, una mente multidireccional se mueve con pensamientos correctos; una mente estrecha dice «blanco o negro», «me quedo o me voy», «es sí o no», y limita todo lo que está por delante. Una mente multidireccional afronta cada desafío y maneja con éxito cada dificultad. Depende de cada uno el vivir en el fracaso o en el plano donde todo lo que propones crece. El libro de Proverbios dice: «Porque cual es su (del hombre) pensamiento en su corazón, tal es él.»

Ashley Montagu declaró que la derrota personal más profunda que sufren los seres humanos es la diferencia entre aquello que uno era capaz de ser y aquello en que, de hecho, se ha convertido. Tal vez frente al fracaso no tienes

> Sea lo que sea aquello que crees o piensas que puedes hacer, empieza a hacerlo. La acción tiene magia, gracia y poder.
>
> Goethe

ninguna receta ni un plan detallado de qué hacer; pero es allí donde dará a luz el genio que eres y que te capacita para salir de todas y cada una de las dificultades.

La mayoría de las personas pierden más tiempo en decir todo lo que van a hacer, que lo que realmente llevan a cabo. Actuar vale más que mil palabras pronunciadas sin ser concretadas. Los exitosos actúan permanentemente. Los fracasados hablan pero no concretan.

Los exitosos no le tienen miedo al esfuerzo que les exija su objetivo, los fracasados no querrán gastar más energía que la necesaria.

Los exitosos son gente de destino, los fracasados solo pisan la tierra que hay bajo sus pies. Las personas que no aceptan un «no» como respuesta no se excusan, sino que siguen intentándolo hasta que lo alcanzan. En el esfuerzo y en la falta de excusas no existen los «podríamos...» ni los «si hubiésemos...». Estas personas no se detienen hasta que lo logran.

No malgastes tiempo en excusas. ¿Lo mejor? Explica de qué forma ese error o fracaso será corregido.

> El lamentarse de las cosas que hicimos puede pasar con el tiempo; lamentarse por las cosas que dejamos de hacer puede no tener consuelo.
>
> Sydney J. Harris

El error no es una condena, sino una oportunidad para alcanzar los objetivos diseñados. Ya no es tiempo de llorar, ni de quejas, ni de excusas ni de disculpa, es tiempo de transformar cada lamento en «fracasos exitosos».

¿Qué es aquello que todavía no hiciste y te está esperando? ¿Qué proyecto hay diseñado en tu mente pero que aún no se ha concretado?

Es tu tiempo, ¡no lo dejes pasar!

4. DE NINGUNA MANERA ABANDONES

Ningún avance o descubrimiento en el área de la salud o de las ciencias se halló en una tarde de verano tomando sol, sino que requirió de años, de días, de horas de investigación y esfuerzo. Los ganadores, simplemente, hacen lo que no quieren hacer los perdedores... por más tiempo.

Se rieron de Eli Whitney cuando mostró la máquina que separa las fibras de algodón. Edison tuvo que instalar su bombilla eléctrica gratis en una oficina antes de que alguien se dignara mirarlo. Una multitud turbulenta hizo pedazos la primera máquina de coser en la ciudad de Boston. La gente se rio de la idea de los ferrocarriles. La gente creía que viajar a cincuenta kilómetros por hora (en automóvil) pararía la circulación de la sangre. Samuel Morse tuvo que rogar ante el Congreso antes de que siquiera miraran el telégrafo.

Muchos se quejan y desean lo que otros han alcanzado, pero no todos están dispuestos a pagar el precio. No es que la gente fracase mucho, sino que abandona con demasiada facilidad.

La respuesta está mucho más cerca de lo que nos atrevemos a creer. Edison le tenía miedo a la oscuridad, ¡sí!, a la oscuridad; pero esto no fue una excusa ni un impedimento para que este hombre inventara la bombilla. Las excusas y las quejas nos roban la posibilidad de

> No hay situaciones sin esperanza, solamente hay personas que sienten desesperanza respecto de ellas.
>
> Clare Boothe Luce

dar lo mejor de nosotros, nos hurtan la posibilidad de demostrar todo lo que somos capaces de alcanzar. Las personas visionarias, aquellas que saben hacia dónde van y qué hacer para cumplir su propósito, no utilizan las excusas para justificar un error o un resultado no satisfactorio. Se hacen cargo de sus errores. No lloran por ellos ni se lamentan; saben que el error no los define como personas y el fracaso no los debilita; saben de su capacidad y potencial para revertirlos.

John Wooden, el entrenador de baloncesto, dice que nadie es un fracasado hasta que empieza a echarles la culpa de sus fracasos a los demás.*

Cuando cometes un error y buscas una excusa (argumentación de por qué las cosas se hicieron mal) ya tienes dos errores: el error y la excusa. Nos excusamos cuando no reconocemos nuestros errores. Los fracasados son expertos en dar excusas sin darse cuenta de que las excusas los desgastan. No olvides que un poco después del fracaso, un poco después de la dificultad que estás pasando, te estará esperando el camino al éxito.

Las excusas nos encierran dentro de límites que uno mismo crea. Un antiguo epitafio decía: «Lo que di, lo tengo; lo que gasté, lo tuve; lo que guardé, lo perdí.»

Las oportunidades giran todo el tiempo alrededor de nosotros. El hecho es que cada uno de nosotros pueda visualizar lo cerca que está de cada una de ellas, poder capturarlas y aprovecharlas, y recuerda que mientras sigas peleando por tus ob-

> Las oportunidades están en todos los lugares donde tú estás.
>
> J. Mason

* WOODEN, John y Steve JAMISON, *Wooden: A Lifetime of Observations and Reflections On and Off the Court*, Contemporary Books, Lincolnwood, 1997, pág. 55.

jetivos, jamás habrás fracasado. Este es simplemente un hombre, Viktor Frankl, un talentoso, quien a pesar de las circunstancias que le tocó vivir no manifestó quejas ni excusas. Es considerado el psicoterapeuta más famoso del siglo XX. Un hombre que, desde pequeño, comenzó a cuestionarse sobre el sentido de la vida y la muerte. Un ser al que le tocó sobrevivir a dos guerras mundiales. En la Gran Guerra toda su familia fue azotada por las penurias económicas; sin embargo, a pesar de todos los infortunios siempre fue un estudiante destacado.

Pero el destino le siguió jugando malas pasadas. Durante la Segunda Guerra Mundial fue llevado a los campos de concentración nazis, donde vivió el Holocausto. Allí murieron su madre, su padre, su hermano, su cuñada y su esposa, con quien estuvo casado apenas nueve meses. «Me encontraba solo, con mi existencia literalmente desnuda», dice Frankl. Estaba lejos del hospital donde trabajaba, separado de todos sus vínculos íntimos, de sus libros, de sus pacientes, todo perdía el rumbo, hasta que decidió no darse por vencido y ¡sobrevivir!

Prometió que no se quitaría la vida al igual que sus padres, se propuso aprender de todo lo que vivía y ponerlo al servicio de la humanidad. Sobrellevó, con el humor que pudo ponerle, cada una de las experiencias vividas. Oraba diariamente cantando los salmos en hebreo; él decía que era un diálogo íntimo con sus íntimos; a pesar de todas las atrocidades sufridas, sabía que su vida tenía propósito. Nunca pensó en abandonar.

Sabía que vivía para y por algo. En sus discursos, en su historia de vida no existen ni las quejas, ni las culpas ni las excusas. Fue profesor invitado de la Universidad de Harvard y de varias universidades alrededor del mundo, las cuales le otorgaron más de veinte títulos honoris causa. Escribió más de veinticinco libros, y uno de ellos estaría en la Biblioteca del Congreso en Washington D. C. ¡en la lista de los diez libros que han cambiado el curso de la humanidad!

Vivió noventa y dos años muy activos y llenos de sentido, dejándonos un legado de amor a la vida y esperanza hacia el ser humano.*

Superar cada temor y cada excusa te promocionará a un nuevo nivel de estrategia y resultados. El éxito sabe de coraje, valor y dominio propio, con el cual te predispones a funcionar. El propósito soporta el desaliento, el desánimo, el fracaso y la angustia.

> **Cuídate de todos los que se mantienen a la distancia y saludan a cada invención con desaprobación; el mundo se detendría si fuera dirigido por hombres que dicen: «No se puede hacer.»**
>
> Samuel Glover

Simone de Beauvoir decía que una persona no nace siendo genial, pero puede convertirse en genial. Define los resultados y los éxitos que has alcanzado y sabrás cuánto de genio hay en tu interior.

5. EN RESUMEN

La gente está constantemente culpando a sus circunstancias por lo que es. Yo no creo en las circunstancias. Las personas que se saben manejar en este mundo son aquellas que cada día se levantan y buscan las circunstancias que quieren; y si no las encuentran, las fabrican.

BERNARD SHAW

* http://www.logoforo.com/

6

TRANSFORMAR NUESTRO PEOR ENEMIGO EN NUESTRO MEJOR ALIADO

1. SI NO ESTÁ HECHO, HAZLO TÚ

El fracaso y el error no dependen ni de las circunstancias ni de los hechos ocurridos, sino de la manera en que te pares delante de ellos y los evalúes.

Según sea el grado de confiabilidad que te concedas para transformar el fracaso, este podrá ser un «aliado» o un «enemigo».

Si el fracaso duele pero te desafía, estimula, anima y potencia, será momentáneamente tu aliado. La habilidad que desarrolles para salir del fracaso y dejar atrás el error favorecerá tu estilo de vida y tu forma de vivir. El provecho que obtengas del error será lo que posicione al fracaso como amigo o enemigo; esa es la clave. Los problemas tienen el propósito de hacernos mejores, no más amargados. Conociendo la fuente del error, del fallo, sabrás qué no hacer para no fracasar nuevamente.

Peter Senge define a los modelos mentales como supues-

> No dejes que lo que aprendes te haga más sabio: deja que lo que aprendes te haga más activo.
>
> J. Rohn

tos profundamente arraigados, generalizaciones e imágenes que influyen sobre nuestra manera de observar el mundo y, por lo tanto, también sobre nuestra manera de actuar en él.

A todos nos encantaría abrazar el éxito, pero no todos damos los pasos necesarios para producirlo. Napoleon Hill señala que el 85 % de los fracasos se debe a la ausencia de propósitos de las personas. Se necesita una apertura mental y una estructura de pensamiento flexible que nos permita poner en práctica los cambios requeridos. Al éxito hay que buscarlo, crearlo, transformarlo y, al mismo tiempo, sentirse apto y merecedor de él.

«Permanecer a la cabeza no depende tanto de la rapidez con que se hacen los negocios como de la rapidez con que se modifica la manera de hacerlos.»*

Existen cientos de ejemplos de proyectos brillantes que, al comienzo de su ejecución, fracasan; sin embargo, solo el valor y el dominio propio de no conformarse con el resultado obtenido y el hecho de considerar el error como parte del proceso del éxito, sumado al convencimiento y a la apuesta que se le adjudicaron a esos proyectos, consiguen con el tiempo y los cambios requeridos encontrar la forma de transformar a ese eventual enemigo en un aliado de siempre: el éxito.

La empresa Tupperware es un ejemplo de lo anteriormente citado. Durante la posguerra, los fabricantes de muebles y de enseres domésticos se mudaban a locales más espaciosos. En medio de esta coyuntura, sin embargo, el inventor

---

* Frase correspondiente a Marty Rodriguez, la mejor agente de negocios a nivel mundial.

de un original recipiente de plástico se encontró cerca del desastre financiero, hasta que una mujer emprendedora lo convenció de que, cuando se trata de vender artículos para la casa, ningún lugar es mejor que la misma casa. Tupper supo ver que una de las aristas de su proyecto no concordaba con los resultados que esperaba; por ende, no esperó a que su proyecto se desvaneciera y muriera.

Esta mujer le mostró cómo el sistema de reuniones de vecinas significaba la posibilidad de disponer de dos horas, como promedio, para familiarizar a la posible compradora con los Tupperware y despejar toda sensación de dificultad y extrañeza frente a la novedad. Además, el ambiente cordial y relajado eliminaba prevenciones y facilitaba las ventas, ya que en una situación «festiva» las amas de casa se encontraban mejor dispuestas a gastar. En 1958, Tupper entendió esta propuesta y decidió implementar los cambios para finalmente vender su empresa por más de nueve millones de dólares. Tupper falleció en 1983; para entonces se celebraban en el mundo un promedio de setenta y cinco reuniones diarias de amigas por cuenta de Tupperware, y hoy día siguen siendo populares. Este hombre supo transformar un posible enemigo en un aliado exitoso.

Todas las ideas que posibilitan la salida del fracaso generan una mayor apertura mental, una búsqueda y un crecimiento sin límites.

Otro de los ejemplos de cómo revertir un fracaso en éxito fue el pósit de 3M. Esta empresa es una compañía que puede aspirar a ser la primera diseñadora del re-marketing. Los dueños de 3M a lo largo de sus ochenta y ocho años han tropezado y se han encontrado con artículos invendibles, pero gracias a su capacidad de adaptación todos ellos fueron revertidos en éxitos. Esto es lo que sucedió con las notas pósit, un producto bien sencillo. El error comercial en sus comienzos fue no haber demostrado la utilidad de ese producto y su función. Desde que las muestras se repartieron y se comprobó la utilidad del producto, los pósits tuvieron un éxito rotundo en el mercado. En otra ocasión, la compañía intentó fabricar una cinta enmascaradora para los fabricantes de coches que deseaban añadir franjas decorativas a dos colores en sus carrocerías. La cinta fracasó como tal, pero la tonalidad de celofán transparente se convirtió en los rollos Scotch, la cinta adhesiva más famosa del mundo.* ¿Pensaste en algún momento que la famosa cinta Scotch que habita en todo escritorio desde que comienzas la escuela hasta tu puesto de trabajo fue el resultado de un proyecto que fracasó en primera instancia? Otra vez supieron revertir el error.

Si los creativos de la empresa se hubieran dado por vencidos y no hubieran decidido transformar esa derrota en victoria, hoy otro sería el dueño de esta millonaria empresa.

2. EL RIESGO, UN FACTOR INEVITABLE DEL ÉXITO

Cuando la decisión de abandonar el fracaso está definida en tu mente, habrá resultados positivos. Siempre podemos ir más lejos de lo que pensamos o imaginamos. Pero, para conseguirlo, es necesario que nos atrevamos a correr riesgos. Al riesgo no hay que temerle, sino enfrentarlo. El riesgo lleva escondido en sí un potencial de éxito que podrás descubrir solo si te animas a introducirte en él y llevarlo a cabo.

Cuando nace una cría de jirafa cae de tres metros de altu-

---

* Datos extraídos de Internet.

ra y la jirafa adulta se pone patas arriba y la empieza a patear. La jirafita trata de levantarse con sus temblorosas patas y, cuando lo hace, la jirafa madre le da una patada hacia delante y la recién nacida vuelve a caerse. Nuevamente vuelve a levantarse y la madre vuelve a patearla. Por instinto, la jirafa le está enseñando que para sobrevivir en la selva es importante saber levantarse rápido después de una caída. ¿Cuántos de nosotros en alguna ocasión tuvimos que aprender lo mismo? Volver a levantarnos y comenzar nuevamente. Lo importante no es caer, sino levantarse rápido. No importa lo que haya pasado, necesitas ponerte de pie. El justo cae, pero vuelve a levantarse las veces que sean necesarias.

Piensa por un momento qué cosas te gustaría hacer y hasta ahora no te has animado a concretar. Escríbelas, regístralas y tenlas presente.

> **Un hombre no está acabado cuando cae sino cuando deja de levantarse.**

_____

_____

_____

_____

Tal vez, muchas de ellas te planteaban riesgos y desafíos que no estabas acostumbrado a traspasar. El riesgo significa dejar la zona de comodidad a la cual nos hemos acostumbrado a penetrar en una nueva zona hasta ahora desconocida para nosotros: «el riesgo». Quizá, durante años, te acostumbraste a vivir en un lugar desde el cual plácidamente sentías que tenías el control del mundo interior y exterior al cual perteneces.

El hecho es que no basta solo con trabajar diez o quince horas al día para ser exitoso y lograr las metas planteadas, sino salir de la rutina diaria y animarse a improvisar en nuevas áreas e ir a por más. Claro que adentrarnos en nuevos

> **Los exitosos se animan a salir y conquistar lo que no sabían para alcanzar lo que no tenían.**

desafíos genera cierta adrenalina de temor y pánico, pero es necesaria para alcanzar resultados.

El miedo al riesgo y al desafío nos inmoviliza y nos congela en el tiempo, haciéndonos vivir largamente en un mismo sistema de hábitos y creencias erróneas.

Por eso es que necesitamos desafiarnos y correr riesgos. Riesgo significa hacer las cosas sin conocer plenamente el resultado final. Por supuesto, ¡a nadie le gusta correr riesgos y no tener la seguridad de lo que obtendrá a cambio! Pero, en este punto, cabe detenernos a evaluar lo necesario que es asumir el fracaso para poder transformarlo en éxito. A este tema Benjamin Franklin se refirió diciendo: «Todo lo que duele, enseña.» Por lo tanto, si erraste y permaneces en el error, solo habrás ganado un enemigo; en cambio, si corres riesgos y los desafías al ponerlos de tu lado, el error será tu mejor aliado.

J. Maxwell decía: «Cuando de arriesgarse se trata, creo que hay dos clases de personas: las que no se atreven a intentar cosas nuevas y las que no se atreven a perdérselas.»*

Las personas que evitan el riesgo dicen: «Para qué vamos a correr riesgos si así nos va bien. ¡Para qué vamos a innovar si hasta aquí Dios nos acompañó!» Pero con ese pensamiento anulan el hecho de que, si Dios los acompañó hasta allí, también los acompañará hasta donde decidan avanzar. Aquellos que van a la vanguardia del éxito corren riesgos y conocen principios que desconocen los que aún están últimos en la carrera. De nada sirve lamentarse por el error o la falencia de un determinado objetivo; lo que sí vale la pena es lamentarse de lo que no hiciste hasta hoy. No ex-

---

* MAXWELL, John, op. cit., pág. 150.

ponerse al riesgo por miedo a un resultado negativo no implica que, de igual forma, el fracaso no pueda alcanzarte. El miedo nos transforma en seres inertes y anestesiados.

Cabe aclarar que no me estoy refiriendo a tomar riesgos alocados, sino riesgos inteligentes. Hay pautas y procedimientos que necesitan ser planificados. La capacidad de rastrear tendencias y posibilidades de fracaso y de éxito es una herramienta importante de planificación en el momento de asumir riesgos. Robert McMath en su libro *¿En qué estaban pensando?* dice que solo uno de cada 671 nuevos productos llega a la cifra de ventas o de beneficios previstos.

Analiza los riesgos, los beneficios y el factor cero que puedes llegar a obtener como resultado y luego actúa.

Un veterinario creía haber descubierto con sus investigaciones lo que consideraba una forma novedosa y barata de inocular vacas contra una enfermedad bovina. Aplicando las matemáticas chinas, estaba convencido de que ganaría una fortuna. Su cuenta era sencilla: si en China había mil cuatrocientos millones de personas, ¿cuántas vacas debería haber en todo el mundo?

> **Aprendamos a actuar con sabiduría, y el que no la tenga, que la pida.**

El tema era que este hombre seguía con sus investigaciones, pero ni los dueños de los laboratorios ni los bancos aprobaban su invento. Nadie financiaba su proyecto, por lo que el veterinario ya había perdido todo: su casa, su familia, su trabajo, el cual había dejado por un trabajo temporal en veterinarias.* El fracaso necesitaba ser reevaluado. En de-

---

* JENNINGS, J., y L. HAUGHTON, *No es el grande quien se come al chico, es el rápido el que se come al lento*, Ediciones Gestión 2000, Barcelona, 2001, pág 53.

terminado momento, debemos detenernos, hacer un compás de espera y distinguir el error del proyecto, es decir, su permeabilidad. Se trata de reducir el riesgo del fracaso y aumentar las posibilidades de éxito.

Un buen plan y un buen proyecto siempre merecerán correr riesgos.

Otro punto a tener en cuenta en cuanto a desafíos y riesgos es saber que ningún individuo exitoso llegó a ser excelente sin haber fracasado anteriormente. El aprendizaje del error y las falencias son los elementos que los condujeron al camino del éxito.

Sin embargo, las personas suelen apresurarse a calificar de fracaso la primera equivocación o el primer resultado no esperado. Pero fracasado es solo aquel que no sabe para qué está viviendo ni cuál es su propósito. Para administrar el éxito, tenemos que saber administrar el fracaso. Cuando las cosas no suceden como las esperamos, el primer pensamiento que acude a nuestra mente es «fracaso»; pero no siempre es así.

El error siempre abrirá una nueva oportunidad para operar de una forma diferente. Los problemas deben ser aprovechados, asimilados y transformados en experiencias remunerativas para nuestras vidas. Al incorporar esta creencia en nuestro sistema de pensamiento, el error ya no será un estigma, sino solo una circunstancia momentánea para revertir. La vida es un permanente riesgo. Reír es arriesgarse a parecer un tonto, llorar es arriesgarse a parecer un sentimental, hacer algo por alguien es arriesgarse a involucrarse, expresar los sentimientos es arriesgarse a mostrar tu verdadero yo.

Leopoldo Fernández Pujals, el fundador de Telepizza, comenzó con un restaurante en Madrid y ahora tiene mil en toda España. Nació en Cuba, pero se crio en Estados Unidos y es ciudadano español. Este hombre de tantos sitios tan distintos supo abandonar un trabajo cómodo y bien remunerado en Johnson & Johnson y arriesgar todos los ahorros de que disponía para un proyecto. Se arriesgó, ganó y se perfeccionó.*

Se necesita solo tomar nota de los recursos monetarios y humanos de los cuales se dispone y comenzar a actuar. Planificar y manos a la obra.

Si alguien te dice que no va a resultar, que nunca nadie lo hizo antes, pues bien, serás el primero en hacerlo y lograrlo. Necesitamos decisiones especiales para animarnos a ir más allá y conquistar mucho más de aquello con lo que el común de las personas se conforma.

Naturalmente, las personas vemos de acuerdo a nuestros sentimientos, y si cambia esta percepción, cambia el conocimiento. El riesgo dependerá de la forma en que lo percibamos. Todos, en ciertos momentos, tendremos que tomar decisiones que nos generen ansiedad y en las cuales decidirse se torna difícil. En estas circunstancias, lo mejor es estar tranquilos y no realizar cambios significativos.

Asumir riesgos genera un grado de ansiedad elevado y difícil de manejar. Pero, tranquilos, a veces descansar y tomar distancia del estrés del riesgo hace que, al regresar al campo de juego, estés preparado para desafiarlo.

Resumiendo: el miedo al riesgo siempre tratará de conducirte hacia tu zona de comodidad para encasillarte y fraccionarte en lo que siempre hiciste, sin correr ningún peligro pero sin obtener ningún resultado extraordinario. No estás rindiendo examen frente a nadie. Solo aplica abundante sabiduría en el riesgo y obtendrás de estos retos un aprendizaje permanente y resultados sorprendentes.

* Ibídem nota de pág. 83.

Sea el ámbito que fuere, el éxito se obtiene desafiando paradigmas y atravesando zonas de riesgos. ¡No lo olvides!

3. EL LADO POSITIVO DEL NO

El hombre, por naturaleza, se plantea qué hacer para evitar sobrellevar los obstáculos y errores que se le presentan a diario y, al no encontrar la respuesta fácilmente, tarda, demora, posterga su meta y se paraliza. Simplemente, muchos se detienen en el intento, sin darse cuenta de que la tardanza y la dilación demoran y retrasan los resultados. Postergar y posponer debilita el propósito, lo subestima y lo introduce en un período de somnolencia y de letargo difícil de remontar. Los «algún día...», «tal vez...», «quizás...», «ojalá...», «puede ser...», «si tengo tiempo...», «si todo sale bien...», son indicativos de incertidumbre que posicionan nuestra visión en un lugar de desvalorización permanente.

> Los que se animan siempre a más saben que solo la pasividad y la mediocridad son socios del fracaso; ellos no.

Para algunas personas, el miedo al fracaso es tan poderoso que bloquean desde sí mismos la posibilidad de decir frente al error «no sé», «me he equivocado». Fracasar, para ellos, es un problema sin salida ni retorno, mientras que para los exitosos es solo una situación más de aprendizaje. El fracaso nunca determina el fin.

El bolígrafo fue desarrollado por László József Bíró, un exiliado húngaro residente en Buenos Aires, y por su hermano George, químico de profesión. En algunas versiones, este bolígrafo se alimentaba por gravedad. Bíró invirtió veinte años en fabricar un bolígrafo alimentado por capilaridad, y lo consiguió. ¿Hubieras permanecido tanto tiempo en un mismo proyecto sin tener ningún rédito a cambio?

Solo en 1943, los pilotos varados en Argentina comenzaron a utilizarlos y se los enseñaron a los estadounidenses. Un piloto estadounidense envió un ejemplar de Biro's Eterpen (es decir, «pluma eterna») al servicio general de las fuerzas armadas, que a su vez encargó a los fabricantes estadounidenses que desarrollasen un utensilio similar, con las mismas condiciones de funcionamiento y que pudiera usarse sin problemas a cualquier altitud o en cualquier clima, con secado rápido de la tinta. Después de un tiempo, Bíró vendió los derechos a Estados Unidos, a la Eberhard Faber, que al mismo tiempo cedió sus derechos a Eversharp Pen Company para que se dedicaran a la fabricación de este nuevo invento, a pesar de las quejas de ciertos técnicos que habían advertido que la tinta se derramaba en repetidas ocasiones. Investigando y evaluando el riesgo, pero también las ganancias potenciales, destinaron dos millones de dólares para dar a conocer el nuevo útil entre su clientela.

Mientras la Eversharp investigaba la manera de evitar los derrames de tinta del sistema capilar, Reynolds montaba la promoción de este producto. El bolígrafo adoptado al comienzo por los aviadores fue utilizado para firmar el armisticio con Japón. A partir de ese momento tuvo publicidad, pero no favorable como se creyó en primera instancia. Mientras unos bolígrafos explotaban, otros derramaban tinta sobre camisas y faldas.

Los primeros compradores comenzaron a devolverlos. Todos, por diferentes motivos, criticaban este invento. Los licenciatarios de las marcas sabían que debían cambiar la reputación del producto. Comenzaron a regalarles bolígrafos a los docentes y hacer promoción para pedirles su opinión. La estrategia fue afortunada. Al lograr que cambiasen de opinión los principales críticos del bolígrafo, consiguieron invertir la tendencia de la opinión pública, como quien dice, de la noche a la mañana.

En 1949, año inicial de aquellas inusuales campañas de opinión, las ventas de Paper Mate alcanzaron los trescientos mil dólares; cinco años después, tras haber extendido la operación al ámbito nacional, la facturación llegó a treinta millones de dólares.

Diez años después del auge y caída del bolígrafo en manos de Reynolds, Frawley vendía su Paper Mate a Gillette por quince millones y medio de dólares pagaderos al contado.

Como notarás, la persistencia y la decisión en aquellos que tienen claro su visión de transformar un error, los adelanta y los convierte en personas con propósito y objetivos. Si estás convencido de tu visión, nadie ni ningún impedimento podrán demorarte y sacarte del camino. Hacer una evaluación previa, establecer qué podemos ganar y qué podemos perder si superamos el riesgo a asumir, nos permitirá lanzarnos con mayor seguridad sin temor a fracasar.

Una evaluación acorde a las circunstancias permitirá desdramatizar los hechos y situarnos en la realidad de nuestro objetivo.

4. PROHIBIDO EL DESCENSO EN MOVIMIENTO

Nuestra estima no se construye a partir de un mejor sueldo o de un excelente puesto de trabajo, ni de una bonificación extra, sino del interés en transformar cada fracaso en un reto exitoso. Hay un desafío que tiene tu nombre, que fue asignado para que tú lo resuelvas. Lo importante no es el tiempo que te lleve parirlo, o resolverlo; si lo engendraste, tiene que ver la luz.

El éxito no sabe de tiempo, sino de resultados. Tienes potencial, habilidad y capacidad para no bajarte antes de tiempo. Necesitamos estar centrados para llegar al resultado que esperamos. Muévete con rapidez para salir del fracaso lo antes posible, de lo contrario el fracaso podrá sorprenderte.

Para que el fracaso esté de tu lado, utiliza estos dos ejemplos de empresas líderes mundiales:

AA: «Cada cosa a su tiempo.»

Nike: «Hazlo ya.»*

Nuestra mente está llena de almacenamientos que incorpora desde el momento que nacemos. Creencias, conceptos, hechos que se vuelven paradigmas y que serán positivos o negativos de acuerdo a los sí o a los no que hayamos recibido. Es por ello que en el momento de la decisión debemos discernir qué elegimos. Quienes no tienen claro el objetivo y su estima no los ayuda, se detienen a observar todos los «peros» propios y todos los casos de quienes han fracasado, creando en primer lugar en su propia mente todos los obstáculos posibles para demorar y anular «el hacer y el actuar».

Pero aquí lo fundamental es descubrir que siempre hay una nueva posibilidad, una nueva alternativa y una nueva opción.

Una vez formulada la decisión, fija pautas y objetivos y no descanses hasta alcanzarlos.

Había un hombre que se acercó a un sabio y le preguntó cuál era el camino del éxito. El sabio le señaló con el dedo un lugar. El hombre fue y se lastimó y a los diez minutos volvió y le preguntó al sabio cuál era el camino del éxito,

---

* TYE, Joe, *1001 ideas para triunfar en su carrera*, Ediciones Gestión 2000, Barcelona, 2003, pág. 65.

porque le parecía que había entendido mal. El sabio le volvió a señalar el mismo lugar. El hombre fue y se volvió a lastimar en el mismo lugar, y regresó a preguntarle por el camino del éxito. Nuevamente, el sabio le indicó el mismo lugar. Entonces el hombre se enojó y le dijo: «Hábleme, por favor, porque fui allí y me caí dos veces en un pozo. Dígame cuál es el camino del éxito.» Y el sabio le dijo: «El camino del éxito es por allí, un poco después de la caída.»

Lo peor que puede pasarte es permanecer caído y hacer caso omiso, como si nada hubiese pasado, obviando el error que debes solucionar.

Omitir no significa que ese error vaya a desaparecer por sí solo, todo lo contrario: empeorará. Si las emociones que nos movilizan son la frustración, la angustia y la tolerancia hacia el dolor y el fracaso, permaneceremos en ellos; de lo contrario, nos moveremos para transformarlos.

No actuar por temor a fracasar es más lamentable que generar ideas que no hayan sido favorables para transformar el error. Hay un momento relevante en que todos los raciocinios elaborados deben dejarse de lado para transitar sobre el hilo conductor de las nuevas posibilidades. El análisis debe ser frío y lo más exacto posible. A partir de allí, define lo que mayor beneficio te traiga.

El conocimiento y la inteligencia de mercado aplicado beneficiarán el alcance de tu objetivo. A la vida hay que vivirla día a día, eligiendo triunfar o fracasar. Cualquiera de las dos decisiones que tomes no sucederán solas, estarán dirigidas por tus propias acciones. La diferencia entre ambas es cómo vives cada una.

> Un cínico conoce el precio de todo y el valor de nada.
>
> Oscar Wilde

Siempre vale la pena reorganizarse y volver a intentarlo. Escritores y músicos reconocidos muchas veces se sientan a componer y no se les ocurre ni una sola nota o compás o melodía o letra. Y otros días, en los cuales la inspiración y la creatividad surgen, recompensan el tiempo que pensaron que perdieron.

En el proceso de transformación del fracaso, todo tu ser está involucrado, tu mente, tu espíritu, tu cuerpo, todos pelean por el sueño. Los imposibles de determinadas personas y sus suposiciones son solo frenos a nuestras habilidades, talentos y a ese potencial aún no explotado.

¿Quién dijo que tu proyecto es inadmisible en este tiempo? Como veremos en el capítulo 17, Honda creció en una de las peores épocas de Japón.

¿Quién dijo que el hombre nunca llegaría a la Luna? Seguramente, alguien que no se atrevió a desafiar los paradigmas mentales de la época. Si estás compenetrado con el sueño que está en tu mente y en tu interior, tu visión se cumplirá.

En una ocasión, tres albañiles se encontraban trabajando en una construcción. Una persona que pasaba se acercó a uno de ellos y le preguntó: «¿Qué estás haciendo, buen hombre?» «Estoy colocando ladrillos —contestó—. Es un duro trabajo con el que me gano el pan de cada día.» Se acercó al segundo y reiteró la misma pregunta, a lo que el albañil respondió: «Estamos colocando ladrillos, construyendo juntos el lado norte de esta estructura.» Finalmente se aproximó al tercero, quien, ante la pregunta, con orgullo dijo: «Coloco ladrillos ayudando a levantar la catedral más hermosa para mi pueblo.» Todos respondían sobre el mismo trabajo, pero el último había añadido su visión.

Si pudiste visualizar el sueño en tu espíritu, aunque los otros te digan que no lo ven, tu mente y tu espíritu generarán las condiciones para producirlo. Las estructuras de pensamiento son las que forman parte de nuestro hablar y nuestro actuar.

Como segundo punto, desarrolla una voluntad independiente de las circunstancias, no importa cuáles sean. Tienes habilidad y capacidad para que los hechos externos no te afecten.

En tercer lugar, aprende que cada problema es una oportunidad de éxito, todo dependerá de cómo lo vemos y lo vivimos, de cómo lo interpretamos y lo transformamos. Es importante que, en momentos de crisis, puedas manejar la presión. Administrar la presión en una época difícil permitirá que te prepares para administrar sabiamente el éxito. A las personas no se las conoce cuando las cosas les van bien; a los verdaderos y genuinos exitosos se los observa en el juego, mientras pasan por el Valle de la Muerte, en los momentos difíciles.

Y por último, ante tu fracaso ten fe. Fe es el título legal de lo que necesitas poseer.

Todo funciona por leyes y fe es el título legal que acredita que tu sueño te pertenece. La fe no obedece sentimientos, obedece órdenes. La fe no niega la realidad o la circunstancia adversa, solo que no la acepta como destino final. Lo que finalmente somos y lo que conquistamos es puramente el resultado de nuestra decisión. El saber popular dice: «Atiende tus pensamientos, porque se tornan palabras; escoge tus palabras porque se tornan acciones; entiende tus acciones, porque se tornan hábitos; estudia tus hábitos, porque se tornan en carácter; desarrolla tu carácter, porque se torna en destino.»

> **Si sabes administrar presión, estás calificado para administrar bendición.**

Un ganador del Premio Nobel demostró cómo una célula cambiaba o crecía solo después de haber pasado un período de vulnerabilidad. Fue llamada la teoría del «tocar fondo». Solo después de tocar fondo usted adquiere la prudencia, la confianza y la adaptabilidad necesarias para crecer y triunfar.

STEPHEN PHILLIPS

Proponte ir siempre adelante, saca provecho de cada error y cada fracaso, fortalécete y vuelve a comprometerte con el proyecto para dejar atrás el fracaso y comenzar a caminar por la zona del éxito.

5. FRACASO: ¿ALIADO O ENEMIGO?

Todos los seres humanos tenemos contradicciones internas.

En psicología, para definirlo se utiliza el término «resonancia cognitiva», que es cuando dos ideas se contradicen; se piensa una cosa pero se hace otra, o se verbaliza una pero se siente otra. Por ejemplo, todos sabemos que usar el cinturón de seguridad es bueno, pero muy pocos lo usan, con lo que queda demostrado que nuestras acciones contradicen nuestros pensamientos.

El problema surge cuando no podemos deshacernos de estas contradicciones. En esta instancia, la contradicción nos anula y nos estanca.

Vivir en una dualidad permanente nos limita a movernos en medio de mentiras y falsas creencias, y, al no poder verbalizar y poner en palabras la debilidad y la contradicción, vivimos una doble vida.

Una vida que quizás impresiona y deslumbra a los demás; una imagen muy distante de la real y que necesita ser sostenida con mucho esfuerzo por miedo a ser desaprobados por «los otros». Solo si el fracaso no te cambia de posición ni debilita tu estima entenderás que el éxito está dentro de ti, no en el afuera ni en los otros.

> **Los fracasos y los éxitos no se generan desde fuera ni te los regalan los otros, dependerá de ti, de lo que decidas elegir.**

Las personas son transitorias. Tal vez hoy están a tu lado y te prometen fidelidad eterna, pero mañana estos mismos pueden reprocharte algo.

En una ciudad de Grecia vivía un sabio famoso por tener respuesta para todas las preguntas. Un día un adolescente, conversando con un amigo, dijo:

—Creo que sé cómo engañar al sabio. Voy a llevarle un pájaro que sujetaré en la mano y le preguntaré si está vivo o muerto. Si dice que está vivo, lo apretaré y una vez muerto lo dejaré caer al suelo; si dice que está muerto, abriré la mano y lo dejaré volar.

El joven llegó hasta el sabio y le hizo la pregunta:

—Sabio, el pájaro que tengo en la mano, ¿está vivo o muerto?

El sabio miró al joven y le dijo:

—Muchacho, la respuesta está en tus manos.

Las respuestas y la vida están en nuestras manos, en nosotros mismos y, por ende, somos responsables de cada acción que generamos. Necesitamos ser íntegros, de una sola pieza, iguales en todos lados, tener integridad. Integridad viene de *integritas*: de una sola piedra, de una sola roca, de una forma para poder producir respuestas exitosas.

El problema no está en las circunstancias ni en lo que piensas que no tienes, sino en la semilla que siembras para que tu visión funcione.

Ten presente que todo lo que escuchas baja a tu interior, lo internalizas y lo crees y, a partir de ahí, lo verbalizas.

Y desde ese lugar, cada acción que comiences a generar será la encargada de producir y transformar cada situación negativa en nuevas oportunidades.

Las leyes de la adversidad dicen:

1. Sin adversidades, no hay crecimiento personal.
2. Las adversidades nos preparan para logros y retos más importantes.

> Todo lo que siembres, todo lo que crees, todo lo que trabajes, esa será tu cosecha.

3. Las adversidades nos recuerdan lo breve que es nuestra vida en la tierra y lo importante que es utilizar sabiamente el tiempo.
4. Las adversidades siempre contienen oportunidades escondidas.
5. Las adversidades nos obligan a adaptarnos y cambiar.
6. La adversidad es un profesor oculto; es cosa nuestra explorar sus lecciones.*

Lo que antes considerabas un fracaso, ahora será una nueva posibilidad. Fuimos creados para vivir y no para existir. Fuimos creados para aprender y producir fracasos exitosos.

Éxito no es lo que ya hiciste, sino creer y posicionarte en lo que vas a hacer.

6. EN RESUMEN

Dice una historia que dos ranas cayeron en un enorme cubo de nata en una lechería. Una le dijo a la otra:

---

* TYE, Joe, op. cit., pág. 210.

—Es mejor que nos demos por vencidas, estamos perdidas. No podremos salir de aquí.

—Sigue nadando —le dijo su compañera—. Conseguiremos salir de alguna forma.

—Es inútil —chilló la otra—. Es demasiado espeso para nadar, demasiado blando para saltar, y demasiado resbaladizo para arrastrarse. Ya que de todas formas voy a morir, es mejor que sea ahora.

Y dejándose caer, murió ahogada. Su amiga, en cambio, siguió moviéndose intentando nadar, sin rendirse. Cuando se hizo de día, se halló encima de un bloque de manteca que ella misma había batido. Y allí se quedó, sonriente un buen rato, mientras se comía las moscas que llegaban en bandada desde todas las direcciones.

Creer que puedes conseguir algo es el primer paso para que así suceda.

SEGUNDA PARTE

7

TRANSFORMAR EL CONOCIMIENTO EN APRENDIZAJE

1. ¿EDUCACIÓN FORMAL O APRENDIZAJE?

Para comenzar este capítulo, quiero aclarar que el objetivo es determinar por qué muchas personas, aunque posean un alto nivel intelectual, fracasan en el momento de transformar un fracaso en éxito. Al considerar al fracaso como un hecho terrible e irreparable en sus vidas, la persona comienza a verse atormentada y encerrada en una telaraña de la cual siente que no puede salir.

La inteligencia por sí sola no nos acercará al resultado que buscamos.

> La educación es lo que ayuda a mucha gente a apañárselas sin inteligencia.
>
> **Anónimo**

Lo que conduce al éxito no es solo el estudio sistemático, sino la habilidad de aprender y volver a comenzar después de cada error. Esta aclaración no invalida el hecho de que estoy totalmente a favor de que cada individuo debe estudiar y superarse en cada rol que desempeñe, capacitarse y ser el mejor profesional de su área y superarse cada día. Nunca consideres el estudio como una obligación, sino como una oportunidad para penetrar en el bello y maravilloso mundo del saber.

¡Estudia! No para saber una cosa más, sino para saberla mejor.

LUCIO ANNEO SÉNECA

Y recuerda: a mayor aprendizaje, ¡mayor expansión! Dicho esto, comencemos...

Cuando todos nuestros sentidos estén dirigidos hacia nuestra meta y objetivo podremos inspirarnos y renovar nuestro sistema creativo cada vez que sea necesario, pero... ¿qué les sucede a aquellas personas que crecieron en un sistema educativo rígido en el cual a una respuesta le correspondía una sola pregunta? ¿Qué sucede con aquellos individuos que mantienen cerradas e inflexibles sus estructuras de pensamiento? ¿Qué les pasa a aquellas personas a las cuales nunca se les ha permitido un margen de error en sus respuestas?

Seguramente se hayan encontrado con muros. Sucede que estas pautas de funcionamiento no nos permiten cambiar de rumbo para llegar al objetivo; nos enamoramos de los métodos y no de la visión y el propósito en el cual nos hemos involucrado; por ello, si aquellos fracasan, no seremos capaces de replantearnos el llegar a ellos desde otro lugar. Sin embargo, el objetivo debe ser focalizado en asimilar nuevos aprendizajes para implementar y llegar al resultado que estamos proyectando. La diversidad de las formas es lo que nos permitirá romper con un sistema educativo rígido, estructurado y obsoleto.

Para el sistema educativo rígido, que no recuerdes una poesía de memoria es un fracaso; pero el «fracaso» no es no recordar ciertos párrafos, sino pensar de esa forma.

Durante años, las personas han sido sometidas a determinado tipo de información que cauterizaba todo lo nuevo, todo aquello que está por delante y por venir.

Pareciera que nuestra mente estuviera impregnada de estructuras de conocimientos difíciles de romper y quebrar cuando de innovar se trata.

Nos enseñan a pensar racionalmente y no deductivamente. Y premian la memorización de textos y a todo aquel que tiene y sigue una estructura de pensamiento ya definida. Sin embargo, romper con los esquemas mentales adquiridos nos permite ver la realidad desde otro ángulo, el ángulo verdadero que nos acercará a los resultados que esperamos. Por ejemplo: muchos hemos estudiado historia a través del famoso libro de *Historia argentina* de Ibáñez, el cual nos enseñaba que con ocasión de las invasiones inglesas los habitantes de Buenos Aires se habían defendido arrojando aceite hirviendo de los balcones.

Sin embargo, en 2006, gracias a las investigaciones realizadas por el historiador Felipe Pigna, se desveló que no fue así como aconteció. El historiador cuestionó esta enseñanza formal adquirida de memoria, dado que en aquella época el aceite era carísimo y solo podía usarlo la gente más adinerada, por lo que era imposible que los más humildes derramaran vasijas de aceite hirviendo. Por tanto, lo que se arrojó no fue aceite, sino agua hirviendo. Una nueva visión y una nueva perspectiva amplían nuestra mente y nos aclaran mucho más el recorrido para llegar al objetivo diseñado, sea cual fuere el área en la cual nos encontremos trabajando. Si desistimos a lo nuevo, lo viejo arrasará con todo, incluidos los objetivos y los propósitos.

> No divido el mundo entre débiles y fuertes, o entre éxitos y fracasos.
> Divido el mundo entre los que aprenden y los que no aprenden.
>
> Benjamin Barber

La firma Schwinn Bicycle fue líder en el mercado de la bicicleta durante más de cien años. Sin embargo, en solo trece años perdió el sesenta por ciento del mercado.

En medio de una gran crisis financiera, el dueño se negó a aceptar un crédito externo, pero aceptó entregar la fabricación a un proveedor chino, sin tomar recaudos de los intereses que le permitieran a él conservar el nombre y la fama de la marca. Para 1992, esta empresa en manos de los chinos debía setenta y cinco millones de dólares y tenía pérdidas mensuales de un millón. En resumen: la prestigiosa marca perdió calidad y nombre en el mercado, los chinos cancelaron el acuerdo con Schwinn y comenzaron a fabricar sus propias bicicletas en las plantas creadas por el propio Schwinn. Declarada la bancarrota, la familia perdió el control de la riqueza de una gran empresa. ¿Por qué?, ¿cómo fue que quebró un proyecto con enormes posibilidades de éxito?

Un integrante de la familia contestó: «**Porque Edgard Schwinn iba dormido al volante...**»

Aquellas mentes que se conforman con el fracaso no poseen flexibilidad ni determinación para aceptar el cambio en su modo de funcionamiento.

La intransigencia, la falta de flexibilidad en la forma o en el método que no nos trajo los resultados que buscábamos nos hace sentir que el fracaso es un revés, un resultado negativo que no podemos cambiar. Lo que el fracaso significa, en estos casos, es que no somos capaces de soñar y de proyectarnos para más, que no somos lo suficientemente inteligentes ni habilidosos para transformar ese error en un acierto.

Jim Collins se dedicó a investigar cuál es el motivo por el cual algunas empresas no solo alcanzan los objetivos propuestos, sino que mejoran a pasos agigantados, mientras que otras no crecen, solo se mantienen. Con su equipo, durante cinco años estudió este hecho y llegó a la conclusión de que la clave fundamental del progreso de las empresas estaba ligado directamente a la personalidad de su líder.

El crecimiento de estas empresas venía dado no por líderes carismáticos, deslumbrantes y avasallantes, sino todo lo contrario. Estas empresas estaban dirigidas por hombres y mujeres que no necesitaban demostrarle a nadie su capacidad, no menospreciaban a ningún miembro que formara parte de su empresa. Estos líderes se reunían asiduamente con los mejores, y se preguntaban y cuestionaban qué necesitaban ellos y su empresa para seguir creciendo. En cambio, aquellas empresas que no solo no crecían, sino que se deprimían aún más, estaban dirigidas por líderes cuyo interés era su logro personal y que creían que si ellos se iban la empresa se iría a la bancarrota, a lo que Collins agregó: «Al fin y al cabo, ¿qué mejor prueba de nuestra grandeza personal que el hecho de que el negocio se derrumbe después de nuestra partida?»*

Así fue como una de las empresas más conocidas mundialmente como fue y es Chrysler, en determinado momento pasó de la gloria a la mediocridad por obra de Lee Iacocca, quien si bien en otra época había sabido llevar la empresa a la cumbre al final sucumbió a su propio ego desbordado de orgullo y soberbia.

En su paso por la empresa Ford dijo: «Si Henry era el

---

* COLLINS, Jim: *Empresas que sobresalen: por qué unas sí pueden mejorar y otras no*, Gestión 2000, Barcelona, 2006, pág. 26.

rey, yo era el príncipe heredero.»* Y agregó: «Yo era el protegido especial de Su Majestad.»**

Si bien Iacocca hizo grandes negocios para Ford, el presidente y dueño de esta empresa, Henry Ford, tenía otras ideas, por lo cual terminó despidiéndolo. Cuando se le comunicó el despido, Iacocca, que siempre había pensado que sería el sucesor de Ford, dijo: «Siempre me había aferrado a la idea de que yo era distinto, de que en cierta manera yo era más inteligente o más afortunado que los demás. Nunca pensé que pudiera ocurrirme a mí.»***

Un cambio a tiempo es redituable y trae recompensa. Las tradiciones nos atan y no nos dejan funcionar en el máximo nivel de nuestro potencial.

Renovar los planes, metas e ideas nos ubica en el tiempo actual, en el presente, permitiéndonos adelantar la ola que está por venir. Escuchar a tiempo aumenta las posibilidades de llegar al objetivo sin sufrir demasiados daños en el proceso.

Ahora bien, nosotros, en el aquí y ahora, solo tomando estos datos, ¿qué podríamos aprender acerca de este hecho contemporáneo?

> Recibimos tres educaciones, una de nuestros padres, una de nuestros maestros y otra del mundo. La tercera contradice todo lo que las dos primeras nos han enseñado.
>
> Montesquieu

Ni el éxito ni el fracaso dependen de la formación cultural e intelectual que hayas tenido, sino de cómo la hayas decodificado y aplicado. Muchos de los que alcanzan el éxito en la vida

* IACOCCA, Lee: *Autobiografía de un triunfador*, Editorial Planeta, Barcelona, 1994, pág. 101.
** Ibídem, pág. 83.
*** Ibídem, pág. 144.

no han concluido sus estudios. El sistema educativo no es requisito indispensable de éxito y, por lo tanto, acordamos que no se trata solo de educación formal, sino de apertura mental. El mismo Bill Gates nos cuenta que abandonó la universidad antes de concluir sus estudios. Sin embargo, ¿alguien podría afirmar que Bill Gates es «un fracasado»? Probablemente nadie, ya que es un hombre que brilla por los éxitos de Microsoft.

El conocido autor Robert Kiyosaki, desafió el sistema educativo formal, se arriesgó y cambió su destino. El temor al fracaso no lo dejó en el «juego de ratas», tal como él lo llama en su libro *Padre rico, padre pobre*.

Este hombre se animó a desafiar su propia vida, y a un sistema educativo que lo inquietaba, pues intuía que no le permitiría conquistar la forma de vida que él deseaba para sí mismo y su familia. Él sabía que el éxito está en nuestro interior y que no puede morir encerrado en nosotros mismos. La persona que hoy desafía los paradigmas entra en el futuro, en lo natural, y gana millones porque, humanamente, sabe que al entrar estará capturando lo mejor. No se trata ni de hadas ni de varitas mágicas, como muchas personas piensan, sino de optimizar el máximo potencial del cual estás dotado. El sistema formal no te llevará al éxito; tal vez puedas almacenar en tu capacidad intelectual cientos de libros, pero llegará un momento en que ese conocimiento adquirido deberá aplicarse en el campo de juego para obtener el tanto que estás esperando; de lo contrario, toda esa información sistemática adquirida será solo un alto bagaje de conocimiento desperdiciado.

Cabe aclarar que en este sistema participamos todos: los padres, los hijos, las instituciones y los docentes. La educación incluye a la sociedad por completo. Todos cometemos errores, pero ninguno de nosotros es un error. El problema es que muchas veces, por la influencia recibida, cuando nos

> **El aprendizaje continuo es el requisito mínimo para alcanzar el éxito en cualquier campo.**
>
> **Denis Waitley**

equivocamos nos sentimos un error, posicionándonos así débilmente frente al fracaso.

Pero todo fracaso es reversible, no hay límites en la capacidad de aprendizaje de un individuo.

En el aprendizaje adquirimos conocimiento de determinados objetos o temas específicos y, a partir de eso, podremos movernos en medios donde hasta entonces nos hemos sentido paralizados. El aprendizaje nos habilitará para actuar y obtener resultados en lugares que antes nos estaban vedados.

> **Aprendizaje es experiencia, todo lo demás es información.**
>
> **Albert Einstein**

2. ¿SER INTELIGENTE ES SINÓNIMO DE ÉXITO?

La cultura y la tradición nos enseñan que debemos estudiar para ser exitosos, y estudiar siempre es bueno.

Pero la realidad y las encuestas demuestran que más de la mitad de los directores de las empresas más renombradas obtuvieron calificaciones muy pobres. El 65 % de los senadores y el 75 % de los presidentes de Estados Unidos no fueron estudiantes ni brillantes ni sobresalientes. Y algunos como Bill Gates, uno de los hombres más ricos del mundo, no tiene título universitario, y otros como Jim Clark, fundador de Netscape y Silicon Graphics, nunca cursaron a nivel universitario ni una sola materia.*

* KRIEGEL, Robert, J., *Tenga éxito en los negocios sin matarse en el intento*, Grupo Editorial Norma, Bogotá, 2002.

Pensamos que un título es sinónimo de éxito, pero solo es una suposición no basada en algo real y concreto.

Poseer un doctorado, una licenciatura o un diploma no te exime de tener que vivir, alguna vez o varias, el fracaso. Todo lo contrario. El conocimiento adquirido pedagógicamente no nos habilita a aprender a disfrutar de la vida y darle importancia a lo realmente verdadero y prioritario.

Ser inteligente no significa siempre ser feliz. Tal vez es lo que la cultura y la educación formal nos hicieron creer, pero es un hechizo que termina prontamente si no somos capaces de unir esa sabiduría con la flexibilidad, con la experiencia, con las relaciones interpersonales, con la autoestima, con la confianza, y con un espíritu agradecido en todo momento.

En ningún programa de estudio existe una materia que te prepare para dejar atrás el fracaso y seguir adelante, transformarlo, corregirlo y aprender.

> Puedes encontrarte con que te resulte más difícil librarte de un doctorado en filosofía que obtener uno.
>
> **Ernie Zelinski**

En el proceso de transformación de un fracaso en un «fracaso exitoso», lo más valioso no son las respuestas, sino las preguntas; pero en el sistema formal de aprendizaje se suele premiar más las respuestas que las preguntas. Bajo estas estructuras, el fracaso es un error que se paga muy caro. Como sabemos, es el que tiene las respuestas el que pasa de curso.

Sin embargo, sin autonomía, creatividad e innovación es imposible revertir un resultado y reformular los conceptos asimilados. Sumar al conocimiento intelectual sabiduría, sentido común, flexibilidad, imaginación y motivación nos permitirá revertir cualquier reto que nos toque vivir.

Hace algún tiempo leí *Mi primer millón*, de Charles Albert Poissant y Christian Godefroy, en el cual se cuenta la historia de diez famosos multimillonarios y se analizan los motivos de su éxito. Los empresarios estudiados y analizados fueron Henry Ford, Conrad Hilton, Thomas Watson (IBM), Ray Kroc (McDonald's), Soichiro Honda, Walt Disney, Aristóteles Onassis, John Rockefeller, Jean-Paul Getty y Steven Spielberg. Dentro de los diferentes aspecos analizados, hay uno que sobresale para tenerse en cuenta: salvo Jean-Paul Getty (quien culminó exitosamente sus estudios en Oxford), ninguno de los otros mencionados fueron alumnos académicos brillantes. Es más, muchos de ellos pasaron por la escuela como «malos alumnos» y otros, como Onassis, simplemente no terminaron su educación, sumado a que algunos de ellos desarrollaron un concepto y una visión negativa de la educación.*

Aristóteles Onassis provenía de una familia de comerciantes, pero su padre fue encarcelado durante la invasión de los turcos a Grecia. Su madre murió cuando él solo tenía seis años. A los diecisiete, luego de sacar a su padre de la cárcel, viaja a Argentina y se emplea haciendo de todo, hasta que intercepta por una llamada telefónica una transacción de magnates que invertirían en la Bolsa y en ese momento decide cambiar su historia, capturando esta oportunidad de oro. De esta forma, a los diecisiete años gana sus primeros siete mil pesos en Buenos Aires, comenzando así su fortuna. Una mente rápida y veloz le permitió capturar la oportunidad de su vida.

Desde que nacemos, aprendemos a hablar y caminar, sin pensar en lo duro que puede llegar a «ser grandes»; así son también los sueños y aquellos propósitos que brotan de nuestro interior, aquello por lo cual no queremos morirnos sin antes haberlo visto, disfrutado y gozado. Estos desafíos

* Datos extraídos de Internet.

no aceptan «no», «límites», «muros». Estos proyectos están llenos de pasión y no importa su grado de dificultad, ellos siguen en nuestra mente y nuestro espíritu, sabiendo que todo el esfuerzo por alcanzarlos vale la pena.

Steven Spielberg residió en diferentes sitios de Estados Unidos durante su niñez. De formación autodidacta, intentó ingresar sin éxito en la Universidad del Sur de California a estudiar cine. Luego de dos tentativas infructuosas, logró entrar en un centro de menor prestigio, pero se fue de allí sin haber finalizado la carrera, casi a finales de 1968, para recibirse finalmente en el año 2002. Sin embargo, el no completar la educación sistemática exitosamente no fue un impedimento para que este cineasta adquiriera fama mundial y se convirtiera en uno de los directores más taquilleros en la industria del cine norteamericano.

¿Has meditado qué es lo que nos sucede cuando pensamos en todo lo que debemos afrontar para llegar a un resultado exitoso? Muchos queremos ganar sin esfuerzo previo: si sucede, mucho mejor; pero en la mayoría de los casos no es así. No es suficiente con ser inteligente para obtener éxito; el éxito dependerá de la habilidad que cada uno de nosotros desarrolle en ser cada día más capaz de alcanzar el propósito diseñado en cualquier área de la vida.

El gran boxeador Muhammad Ali no obtuvo la aptitud física requerida en las primeras pruebas que se le hicieron para saber si era un boxeador innato o no; no poseía los movimientos, la destreza ni el físico de un futuro campeón, pero sí tenía velocidad mental y capacidad de aprendizaje para vencer a cualquier oponente.

En el combate contra Sonny Liston, un boxeador dotado con un físico de campeón, Ali salió victorioso.

Cuando le preguntaron cómo había podido derrotar a tan grande adversario, contestó: «Leí todas las entrevistas que encontré. Hablé con gente que lo conocía o que había hablado con él. Cuando me acostaba en la cama, reunía toda la información de la que disponía, reflexionaba sobre ella e intentaba hacerme una idea de cuáles eran sus procesos mentales. Usé todo este conocimiento para derrotarlo.»*

Su cuerpo generaba dudas y miedos, pero su mente no. Su mente y sus creencias eran las correctas: las diseñó, las estudió, las ejecutó y ganó.

Estos ejemplos nos muestran que el éxito no depende de ningún título universitario ni del apellido que poseas, ni de la familia de la que provengas.

Lo que te habilita a ser una persona exitosa es la habilidad y la predisposición que tengas de darle un giro al fracaso, transformarlo y enfrentarlo desde una nueva perspectiva y una nueva visión.

3. POTENCIAL + INVESTIGACIÓN + ACCIÓN = RESULTADOS POSITIVOS

El cerebro es como un músculo, y también lo son tu mente y tu inteligencia. Se conoce y se desarrolla a medida que lo utilizamos y comprobamos su potencial.

No hay obstáculo ni circunstancia que no puedas revertir.

Si cambia tu mente, cambia el resultado.

Aprender no es solo información, sino la capacidad de implementar adecuadamente las acciones que corresponden a ese

* DENNOS, Felix, y Don ATYEO, *Muhammad Ali: The Glory Years*, Hyperion, Nueva York, 2003.

aprendizaje. La clase de información que recibamos será clave en las decisiones a tomar.

A comienzos de los años ochenta, McKinsey Consulting predijo que la telefonía móvil llegaría como máximo a novecientos mil aparatos en el año 2000 (*The Economist*, 9/8/1999), lo que determinó que AT&T abandonara el mercado. Actualmente, se venden novecientos mil teléfonos cada tres días en todo el mundo.

Grave error y tremendas pérdidas produjo la falta de información y de investigación para esta empresa, que tuvo que retirarse. La investigación debe estar basada en la necesidad real del otro y del contacto interpersonal; no solo está sujeta a cálculos y estadísticas. Siempre detente a ver más allá de lo que hoy estás viendo.

En una ocasión, técnicos especializados de IBM se reunieron para considerar el futuro, pero pasaron por alto la posibilidad de invertir en Xerox Corporativo porque consideraban que las copiadoras en seco querían sustituir la máquina fotocopiadora. Limitados por su propio aprendizaje, no pudieron imaginar los cientos de nuevas aplicaciones que los usuarios descubrirían cuando el coste y la disponibilidad de las máquinas Xerox estuvieran al alcance de todos.*

La información es un elemento importante e indispensable a tener en cuenta a la hora de invertirlo todo en un proyecto.

La falta de información, en muchos casos, acarrea decisiones equivocadas y ellas traen como resultado directivos al borde de un ataque de nervios, como lo fue la compra de Rolls-Royce por Volkswagen.

Ellos y BMW hicieron lo imposible por comprarla a sus

---

* JENNINGS, J., y L. HAUGHTON, op. cit., pág. 47.

dueños, Vickers PLC. La primera victoria fue para Volkswagen, que pagó setecientos ochenta millones de dólares
por esta compañía por la cual venía compitiendo. Pero este
triunfo inicial fue efímero y no resultó tal como parecía en
primera instancia, ya que después de poseer la Rolls-Royce,
la firma descubrió que era dueña de la compañía pero no así
de los derechos sobre el nombre, es decir, había invertido en
una empresa de la que no podía explotar su nombre, cuando parte del prestigio que habían pagado radicaba en su
nombre.

La licencia estaba en poder de otros dueños, la Rolls-
Royce PLC, una compañía aeroespacial, y lo peor es que
tenía alianzas con BMW. Ahora bien, quién crees que ganó
el pulso.

Pues sí, BMW, y todo por falta de información. ¡Tre-
mendo! Setecientos ochenta millones de dólares.*

**El aprendizaje siempre está ligado al movimiento, a la
información y a la acción, y estos al resultado.**

Y en este movimiento sabremos que siempre hay algo
más para aprender, saber que «solo sé que no sé nada» nos
permitirá crear una constante voluntad de aprendizaje y llegar a nuevas posibilidades a las que antes no accedíamos.
Somos parte de un resultado y parte de lo que producimos.

Mientras fracasas, te estás entrenando para el éxito. Al
evangelista más grande de Estados Unidos, Billy Graham,
cuando estaba en el ascenso de su carrera, el presidente Tru-
man lo mandó llamar para hablar con él. Al salir de allí, todos los reporteros estaban en la puerta para preguntarle qué
había pasado.

Billy Graham contó todo, y esa conversación salió en
todos los diarios. El presidente lo llamó de nuevo y le mani-

* MAXWELL, John, op. cit., pág. 188.

festó su enfado por las declaraciones hechas. Billy Graham aprendió de ese error. Existía un protocolo presidencial inviolable. Entonces pidió disculpas por el incidente.

Y entonces, a partir de que pidió disculpas y revirtió la situación, comenzó a reunirse con todos los presidentes de Estados Unidos, supo trascender los partidos políticos de turno, lo que lo condujo a ser el pastor de los norteamericanos. **Para la gente exitosa, el fracaso es un fertilizante que la vuelve a levantar.** Ellos piensan siempre más grande de lo que ya están pensando. Los exitosos aprenden de sus errores, y se dejan enseñar. Son pensadores, analizadores y cuestionadores, pero no críticos ni ejecutores. Investigan, pero a la vez arriesgan.

Michael Jordan fue expulsado del equipo de baloncesto de su escuela; Babe Ruth, jugador de béisbol, no siempre bateaba a la primera; el coronel Sanders fue rechazado más de mil veces antes de que a los sesenta y siete años de edad consiguiera vender su primera franquicia de Kentucky Fried Chicken.* Todos ellos, a pesar de los reiterativos «no» que se encontraron, supieron revertir ese primer fracaso en consecutivos éxitos. Sabían que para que todo salga bien, primeramente saldrá mal. Sabían que en el camino al éxito la principal parada es el fracaso.

No importa el tiempo que requiera, tu mente debe estar dispuesta a corregir el error, superarse y avanzar.

Las personas siempre muestran los éxitos, pero no son los éxitos los que te habilitan para una tarea grande, sino lo que hayas hecho en tiempo de frustración y de crisis. Para ellos, el fracaso es solo un paso inter-

> Si te equivocaste, puedes levantarte y volver a comenzar.

* TYE, Joe, op. cit., pág. 193.

medio antes de llegar al éxito de revisión de tareas, métodos o conductas, en las cuales el esfuerzo siempre vale la pena, donde la planificación es necesaria para que las cosas sucedan y donde el aprendizaje es continuo.

El éxito consiste en pasar de fracaso en fracaso sin perder el entusiasmo hasta llegar. No importa el tiempo que requiera, tu mente debe estar determinada a triunfar, pese a las circunstancias, al exterior y a lo que se oponga a tu visión. La mentalidad avanzada y la predisposición que poseas es la que te convierte en «un generador de éxito».

Por esto, antes de comenzar un proyecto ten en cuenta:

1. Desarrollo de las metas a seguir y urdir el plan para llegar a ellas.
2. Determinar lo que se espera de cada meta.
3. Obtener un claro detalle de la información requerida: costes, beneficios y dificultades posibles que pueden surgir a mitad del camino.
4. Una vez que tengas la información requerida, actúa y sé perseverante y responsable hasta el final.

Cada día lee más, perfecciónate. Mientras viajas en coche escucha casetes, programas que beneficien tu desarrollo mental; ve menos televisión; júntate con los que sueñan y se proyectan como tú; decídete a mejorar cada día; mezcla análisis con riesgo. Lee las últimas novedades que haya sobre tus objetivos a alcanzar, lee un libro por semana, aprende a replantear la pregunta si no alcanzas la respuesta adecuada. Es tan importante responder como saber preguntar bien, analiza el terreno en el cual te vas a involucrar, de esta forma podrás sumar a tu conocimiento nuevos datos y mayores herramientas que te permitirán especializarte, ser el mejor y revertir cualquier error o fracaso que se presente. Si a tu propósito le sumas una mejora permanente, te convertirás en una persona avanzada. Y por cierto, cada día avanzarás con mayor rapidez que la que estás acostumbrado.

4. EN RESUMEN

Un arquero quiso cazar la luna. Noche tras noche, sin descansar, lanzó sus flechas hacia el astro. Los vecinos comenzaron a burlarse de él. Inmutable, siguió lanzando sus flechas. Nunca cazó la luna, pero se convirtió en el mejor arquero del mundo.

ALEJANDRO JODOROWSKY

8

TRANSFORMAR UN CERO EN UN DIEZ

1. CREA TU PROPIO JUEGO

Un refrán danés reza: «La vida no es simplemente tener una buena mano. La vida es jugar bien una mala mano.» Solemos cometer los mismos errores aun obteniendo los mismos resultados, como si no supiésemos que al mismo error le sucede el mismo resultado. Winston Churchill dijo: «Cuando más atrás se mire, más adelante se verá.» Es decir, repetir las mismas estrategias utilizadas años atrás no sirve; por el contrario, hay que revisar acciones pasadas solo para cambiar lo que sea necesario para obtener mejores réditos. Lo importante es pensar y detenerte a evaluar cómo vas a mover cada pieza del juego para ganar. El fracaso no es ajeno a lo que sucede dentro de ti.

El escritor Lluís Amiguet en su libro *Cuénteme cómo lo hizo* narra una entrevista hecha a Niki Lauda, tricampeón del mundo de Fórmula 1, quien declaró:

—Hay que aprender a equivocarse. Si pierdes, no es el motor o la lluvia o los neumáticos: eres tú. Si no reconoces tu fallo, te cuesta cinco carreras aceptarlo y otros te ganan. En los negocios sucede exactamente igual. Y me temo que en la vida también. Si pierdes en la vida, es culpa tuya. Si no eres sincero contigo mismo, no corriges, entonces fallarás.

—¡Ah! —respondió el periodista—. ¿Usted no se autoengaña?

—¿No ha visto mi cara? ¡Me he equivocado un montón de veces! Pero si sigo adelante es porque tengo libertad total de hacer lo que me dé la gana y la disciplina absoluta de llevarlo a cabo, cueste lo que cueste. Y no me refiero a trabajar mil horas, sino a conseguir objetivos.

Cuando no te contentes con lo que sucede es cuando comenzarás a jugar para ganar; participar ya no te alcanzará.

En determinados momentos tal vez puedas sentir rabia, ira, enojo, frustración. Todas estas emociones son normales, lo grave es que ellas sean quienes dirijan tus acciones. Quizás en medio del juego alguna pieza fue movida en dirección opuesta a tu jugada; sin embargo, hasta que el juego no finalice no se sabe quién es el ganador. Por eso, empieza a usar el término «todavía»; todavía la última jugada no ha sido hecha. El resultado no solo dependerá de cómo juegue tu oponente, sino de cómo tú muevas las piezas.

> El hombre no es derrotado por sus oponentes, sino por sí mismo.
>
> Jan Smuts

Define en tu mente nuevos pensamientos, estrategias, creencias y, por último, refuta aquellos paradigmas que hacían que cometieras el mismo error una y otra vez.

No se trata de pensamientos positivos ni de repeticiones absurdas: «Me va a salir bien, me va a salir bien, me va a salir bien.» Muchas veces las personas equivocadamente sienten y piensan que, por repetir frases ilusorias y positivas, todo será revertido. Pero no es así.

Primeramente, un resultado exitoso está sujeto a un sistema de creencias verdadero; en segundo lugar, dependerá de que las emociones del sujeto estén sanas y restauradas, y, por último, contar con un plan de acción eficaz y una voluntad férrea de querer dejar atrás el error.

2. ANALIZA, CAMBIA Y AVANZA

Fred Smith decía: «Para que una acción sea positiva, es necesario saber cuál es la diferencia entre un problema y un hecho de la vida.»

Los muros solo están en la mente. Los obstáculos solo podrán detenerte si lo permites. Piensa por un instante en un error que cometes a diario y en ese resultado que te frustra y te limita.

> Quien fracasa es, sobre todo, alguien que ha perdido primero el contacto con la realidad y luego el principio de la realidad.
>
> Sydney Finkelstein

Escríbelo:

_____

_____

_____

Observa cuál es la estrategia y el pensamiento limitante:

_____

_____

_____

A partir de ahora, reformula y define aquellas nuevas estrategias que te permitan llegar al objetivo. ¿Qué serías capaz de hacer por tu sueño?

1 _____

2 _____

3 _____

Una vez establecidas las estrategias, es hora de ponerlas en marcha. Cientos de nuevas alternativas te acercarán al resultado que estás buscando. Cada día, hasta que lo concretes, define más ideas y más probabilidades. Recuerda que el fracaso está solo en tu mente.

> Tener grandes sueños; solo los grandes sueños poseen la fuerza necesaria para mover el alma del hombre.
>
> Marco Aurelio

En ese proceso quizás haya momentos en que tengamos que atravesar por circunstancias o hechos que no sean tan emocionantes. Pero tienes que saber que todo es paso a paso. Para tener la licenciatura en tu carrera, primero debes cursar y aprobar todas las asignaturas, y para ser excelente necesitas perfeccionarte en posgrados, cursos y seminarios que te permitan ser el mejor. El historiador B. H. Liddell Hart escribió que en las estrategias, el camino más largo es normalmente el camino más corto a casa. No desaproveches cada oportunidad de aprender que te brinda el proceso. Calibrando tu mente con fe, autoridad y firmeza, todo será hecho.

Vive determinando tus emociones. Elige a cada paso tener el control de tu vida emocional, decide cómo quieres sentirte. Tu vida no depende de las circunstancias, sino de quién eres.

Muchas personas fracasan una y otra vez, porque se acostumbran a la rutina y, desde ese lugar, cometen los mismos errores reiteradamente. Sin embargo, hay pautas que, si las pones en práctica, te permitirán dejar atrás la frustración y el pesimismo.

Para comenzar, no encubras el fracaso, admítelo. Luego aprende del error, afronta el cambio y desafíate con nuevas estrategias y objetivos. Y, por último, sé responsable y actúa en la dirección correcta.

Muchos confunden el mal manejo de las situaciones o tomar malas decisiones con el destino, pero este pensamiento es falso. Hoy te encuentras en el sitio al que te llevaron las decisiones que tomaste ayer y mañana estarás en el sitio al que te llevarán las decisiones que tomes hoy. Siempre estamos decidiendo; es una facultad que nos ha sido dada a todos los seres humanos. Sin embargo, a muchas personas las malas decisiones las han llevado a vivir una vida llena de errores y desaciertos. Siempre suelen ser las mismas erróneas decisiones las que nos llevan al mismo lugar.

Si piensas detenidamente, te darás cuenta de cómo es que aquellas decisiones basadas en falsas premisas son las que estancan la eficacia del resultado. Veamos cuáles son algunas de ellas.

1. Decisiones basadas en la fantasía: Existen dos tipos de personas. Las que se mueven por lo que sienten o no sienten. Y las que deciden a partir de opiniones y suposiciones, pero no de aciertos y hechos concretos. Y los exitosos son los que saben que un pensamiento correcto te lleva a acciones correctas y estas a resultados extraordinarios.

2. Decisiones basadas en los conflictos: Los conflictos no resueltos ni sanados emocionalmente interfieren en el proceso del éxito. Las heridas no te permiten estar centrado y, por ende, los resultados no son los esperados. ¿Cuántas decisiones tomaste basadas en conflictos no resueltos? Identifícalos, reviértelos y prosigue en la carrera.

3. Decisiones basadas en lo que dicen «los otros»: Decisiones basadas y determinadas por las opiniones de los demás. En estos casos, las voces externas tienen más poder y autoridad que tu voz interior. No te compares, ni idealices a nadie; el otro es igual a ti. Mientras les demandes a los demás que hagan algo por ti, estarás ligado a ellos. La idealización no sirve porque no te cambia.

Ni la idealización ni la admiración cambian, la inspiración sí. Nadie puede hacerte enojar, ni reaccionar o hacerte sentir inferior sin tu consentimiento. Todos somos iguales, lo que cambian son las responsabilidades y las funciones pero la esencia es la misma.

> Sea lo que usted es. Este es el primer paso para llegar a ser mejor de lo que es.
>
> Julio Hare

Solo tú podrás detenerte o avanzar. El hábito de los exitosos es tener el control de sus vidas.

4. Decisiones basadas en la distracción: La distracción te incita a tomar malas decisiones, a errar en el blanco y, por tanto, a fracasar.

5. Decisiones basadas en la falta de investigación y planificación: Muchas personas no investigan, no planifican y no se documentan, y luego fracasan. Pero después de fracasar se preguntan: «¿Por qué me ha pasado esto justo a mí?» La razón es que, lamentablemente, no se prepararon ni investigaron adecuadamente.

Si tu proyecto es poner un negocio, las preguntas necesarias son: ¿tengo el capital para mantenerlo?, ¿cuento con los recursos indispensables para ponerlo en marcha?, ¿tengo todos los papeles en regla para habilitarlo y comenzar? En resumen, investiga, planifica y luego actúa. Reorienta de continuo todo lo que asimilas y rediseña las bases del éxito.

6. Decisiones basadas en el orgullo: Datos extraídos de Clarín.com nos informan que la quiebra de Enron, cuya capitalización bursátil justo antes de la quiebra alcanzó los cien mil millones de dólares, se convirtió en emblemática de los excesos de las empresas estadounidenses hacia finales de los años noventa; incluso se valió del Banco Mundial para transferir pagos dudosos. Evidentemente, hay empresas en las cuales sus dirigentes cegados por el poder, el dinero y la impunidad olvidan que la ética y la honestidad aún siguen vigentes en muchos estratos de la sociedad.

El orgullo y la terquedad nos mantienen cautivos durante años dentro del mismo fracaso. Se trata de una lucha interna y se gana o se pierde dentro de uno mismo. Stewart Johnson escribió: «Nuestra misión en la vida no es ir delante de los demás, sino ir delante de nosotros mismos, romper nuestra propia marca, dejar atrás nuestro ayer por nuestro hoy.» No podemos evadir el efecto de nuestras acciones. Desarrolla una mentalidad orientada a superarte a ti mismo. Bate tu propio récord. En una ocasión leí que John Maxwell, el famoso escritor sobre liderazgo, le pidió a su secretaria que lo comunicase con determinada persona. Veinte minutos después volvió a llamar a su secretaria pidiéndole que le pasara la llamada, a lo que ella respondió: «Lo siento, pero no puedo encontrar el teléfono»; y Maxwell repuso: «¿No lo puede encontrar?» «Pues no, no existe ese número de teléfono.» «¿No existe? —la cuestionó él otra vez—. De acuerdo, busque en la guía telefónica.» La mujer así lo hizo.

Le llevó dos horas y media encontrar el número. Cuando finalmente le pasó la llamada a su jefe, este le dijo: «La próxima vez no me diga que no se puede.»

No te compares con nadie, solo supera cada resultado que obtengas. Avanzamos o morimos; crecemos o nos detenemos. Es tu decisión.

3. Pon todo en cada jugada

Alfred D. Souza escribió: «Durante mucho tiempo me pareció que la vida, la verdadera vida, estaba a punto de comenzar. Pero siempre había algún obstáculo en el camino, algo que se debía solucionar primero, algún asunto pendiente, tiempo en que se debía hacer algo o pagar alguna deuda. Entonces, comenzaría la vida. Por último, me di cuenta de que esos obstáculos eran mi vida.»

El primer paso para jugar correctamente es plantear la estrategia más precisa y centrarnos correctamente en la pregunta foco: ¿qué necesito hacer para ganar?, ¿cuál es el primer cambio a ejecutar? Siempre debes preguntarte si estás centrado en lo más importante. ¿Cuánto tiempo perdemos en cosas secundarias? Seguramente mucho, por eso es necesario priorizar el tiempo en lo trascendente y concentrarse en lo importante.

Sydney Finkelstein, el mayor experto en fracaso de Occidente, decía: «Sea proactivo, no deje que las cosas le ocurran; haga que sucedan, empiece a actuar cuando tenga una idea clara del fin que persigue, y ponga primero en su lista de deberes lo más importante, no lo más urgente.»

En segundo lugar, deshazte de todo lo que no sirve, ya sean ideas, conceptos, relaciones o emociones.

En tercer lugar, emplea la ley del fluir. Su enunciado dice que cuanto más rápido trabajas, más energía tienes. «Hay que moverse sin pausa, continuamente.» Para que los problemas de todos los días no nos presionen, debemos aprender a fluir. Debe llegar un momento en nuestra vida en que no nos pongamos ansiosos por nada, y eso será cuando aprendamos a fluir. Si haces algo, dedícate por entero a eso; si mandas cartas, escríbelas todas, una tras otra, y envíalas; todo de una vez, porque en el fluir está el éxito. Una hora de trabajo sin interrupciones vale por tres horas comunes.

Y, por último, desarrolla la mentalidad de cierre. Superación significa tener mentalidad de cierre. Hay circunstancias que no podemos cambiar y otras que no podemos evitar; pero sí podemos determinar cómo vivir cada una de ellas. Podemos esperar que los otros quiten los obstáculos que hay en el camino, o levantarnos nosotros para quitarlos.

Esperar por el otro empeorará aún más la situación en que nos encontramos. Determina que las cosas sucedan: ¿qué quieres lograr?, ¿cuál es tu objetivo?, ¿qué resultado estás persiguiendo?, ¿qué pudiste aprender del fracaso que atravesaste? Identifícalos y ponte en marcha.

4. JUEGA Y GANA

Para ganar tienes que aprender a jugar inteligentemente usando dos de los cientos de atributos que nuestra mente posee. El primero es el conocimiento. Las personas dicen que saber es poder, pero en realidad no es así. No todos los que tienen y poseen conocimiento lo usan a favor de sus objetivos. El saber pasivo, sin actuar, no trae resultados. Nunca podrás resolver un problema si no sabes cuál es.

Una vez que lo hayas identificado, emplea la sabiduría para solucionarlo. La sabiduría es la llave para resolver los problemas. El conocimiento y la sabiduría deben servir a tu propósito. El éxito es cosa tuya. Te incumbe a ti.

Usa la sabiduría de cierre, siente ganas de terminar los objetivos, no solo de empezarlos. La sabiduría de cierre te da

> **Las circunstancias gobiernan a los débiles, pero son instrumentos en las manos de los sabios.**
>
> **Samuel Glover**

estima. Los exitosos empiezan antes y terminan después. Ellos saben que un esfuerzo mayor al que comúnmente hacen los demás les reportará resultados extraordinarios.

Mejora a cada momento. Sé y muévete como la persona que te gustaría llegar a ser; no esperes ser, ya lo eres.

5. EN RESUMEN

Lo que queda detrás de nosotros y lo que queda delante de nosotros son asuntos pequeñísimos comparados con lo que queda dentro de nosotros.

WALT EMERSON

9

¿POR QUÉ FRACASAMOS CUANDO FRACASAMOS? LOS DIEZ ERRORES MÁS COMUNES DEL FRACASO

1. DIEZ ARMAS QUE MATAN AL ÉXITO

Frente al fracaso o al error, las personas suelen elaborar diálogos internos con ellos mismos, porque tal como uno se siente es como interpreta todo lo que le sucede. De acuerdo con cómo nos sentimos, es como interpretamos tanto la realidad como a los demás.

Las personas visualizan las distintas situaciones que atraviesan a través de mecanismos psicológicos. Todo lo que creas

> Si crees que puedes, tienes razón; y si crees que no puedes, también tienes razón.
>
> **Henry Ford**

es lo que sucederá, y esto dependerá de la información y la experiencia que haya sido asimilada en la mente. Si fuiste criado en un ambiente de miedo, todo te causará temor y ese mismo miedo paralizará la posibilidad de transformar el fracaso.

Una mente cerrada es sinónimo de una mentalidad equivocada. Creencias y conceptos deben ser triturados debido a que nuestras acciones se moverán de acuerdo con lo que la mente considere normal. Estos datos y experiencias erróneos incorporados terminan convirtiéndose en una obsesión, en una imagen o en una palabra que reiteradamente aparecerá en nuestra mente como flashes.

Estos recuerdos se repiten una y otra vez, y cuanto más quieres ser libre de esta idea, más se arraigan en tu estructura de pensamiento.

La obsesión genera dolor, angustia y pensamientos automáticos absurdos que hieren y manipulan el desarrollo de tu potencial y la salida del fracaso.

La ley de la concentración dice: «Cuanto más pienses sobre una cosa, más se hace parte de tu realidad.» Nunca sucede algo en el afuera si primero no sucede dentro de uno; no se alcanza el éxito ni el reconocimiento exterior si antes no lo alcanzas en tu mente y en tu interior.

Ubicados en este lugar, el cambio nos cuesta, nos acostumbramos a funcionar en la confusión y el conformismo. Y en ese estado inerte, nos mantenemos en la zona del fracaso o del error, dificultando la posibilidad de pensar con claridad y rapidez. Desde esta posición, tendremos dificultad para tomar decisiones y lo único que haremos será repetir errores que nos impidan transformar todo reto o fracaso en éxito o beneficio.

¿Por qué fracasamos?

Una pregunta que tal vez haya sonado en tu mente una y mil veces sin respuesta. Los que siguen son diez de los errores más comunes que comete la gente cuando fracasa. Seguramente con algunos de ellos puedas identificarte y encontrar la punta del ovillo. ¡Suerte!

1. No saber trabajar en equipo

En una reunión para intercambiar ideas, Ariko Morita le contestó al presidente de Sony: «Señor, si usted y yo tuviéramos exactamente las mismas ideas sobre todas las cuestiones, no sería necesario que ambos estuviéramos en esta empresa. Es precisamente porque usted y yo tenemos ideas diferentes por lo que esta empresa tiene un riesgo menor de cometer errores.»*

El equipo debe estar formado por tres tipos de mentes: la creativa, la diseñadora y la ejecutora, de tal forma que las acciones se distribuyen de acuerdo al potencial de cada uno, obteniendo como resultado notorios logros. Para tener éxito, necesitas relacionarte con aquellos que buscan la diferencia, con los que se suman a proyectar y permanentemente concilian con «el otro» atreviéndose a mucho más.

Piensa que otros tienen lo que a ti te falta y tú tienes lo que a los otros les falta, y, juntos en esa visión, compartiréis el esfuerzo y las ganas de disfrutar del premio de los objetivos cumplidos.

Donald Trump enseña que todas las partes del equipo deben sentir que su esfuerzo y su aporte marcan la diferencia en el compromiso de la meta. «Las grandes mentes no piensan igual y las mejores ideas son producto de la unión de opiniones diferentes.»**

El equipo logra su objetivo cuando las voluntades hacia un mismo fin se suman y se complementan y, a pesar de las diferencias de cada individualidad, comparten algo en común: la visión y la meta.

Hace unos años, en las Olimpiadas Especiales en la ciu-

* JENNINGS, J., y L. HAUGHTON, op. cit.
** *Fortune*, 10 de enero de 2000, sección publicitaria.

dad de Seattle, nueve participantes, todos física y mentalmente discapacitados, se colocaron en la línea de partida para la carrera de cien metros lisos. Cuando sonó el pistoletazo de salida todos corrieron, no a altas velocidades pero con el anhelo de terminar y ganar la carrera. Es decir, todos con excepción de un niño que tropezó en el asfalto, dio un par de tumbos y comenzó a llorar. Los otros ocho corredores lo oyeron, aminoraron la marcha y se detuvieron. Entonces todos se dieron la vuelta y regresaron. Una niña con síndrome de Down se agachó y le dio un beso al niño y dijo: «Esto te va a ayudar a sentirte mejor.» A continuación, los nueve se tomaron del brazo y continuaron juntos hasta la línea de llegada. Todo el estadio se puso en pie y aplaudió durante diez minutos.

Para obtener el beneficio que perseguimos, no es necesario que el otro pierda. Los exitosos hablan usando el «nosotros», «este equipo maravilloso». Estas simples palabras unen y nos responsabilizan en un mismo proyecto. Juntos se obtienen los resultados.

Thomas Edison no creó la bombilla eléctrica solo. Aproximadamente treinta colaboradores, entre ellos físicos, ingenieros, matemáticos y químicos, colaboraron con el científico en todo su proceso de investigación. Su invención fue el resultado de un trabajo en equipo.

> Juntos sois la empresa. No empleados de la empresa, sino la empresa. Y ten en cuenta que las personas con las que trabajas deberían querer ayudarte, no tener que ayudarte.
>
> Jack Foster

El origen de las especies, la obra de Darwin, también es el resultado de un trabajo en equipo, de colegas y científicos que aportaban continuamente datos a sus disertaciones y planteamientos.

2. Vivir llenos de culpa

La culpa es uno de los sentimientos más torturantes que puede experimentar el ser humano y una de las mejores maneras de manipular a alguien. Todo aquello que te haga sentir culpable es manipulación. Los psicólogos definen la culpa como la diferencia entre lo que hice y lo que debería haber hecho, entre lo que hice y tendría que haber hecho, entre lo que quiero y lo que debería querer.

Culpa es venganza y rabia contra uno mismo, emociones que, si no son resueltas a tiempo, terminan bloqueando el potencial y la libertad de decidir sin presión.

> Vivir con culpa es vivir con cadena perpetua.

Poder asumir el control de nuestra vida y de un sistema de elección y decisión propia permitirá que dejes de pasar factura de tus errores a terceros. La culpa tiene como único fin obstaculizar el éxito y la bendición, estableciendo rígidos principios que matan y anulan.

3. Dudar permanentemente

La duda te hará vivir en una zona de confort donde nada sucede y todo permanece inerte. Al dudar piensas, piensas y piensas, y de tanto pensar nunca actúas. Cuando vives dudando racionalizas cada hecho, cada detalle, nada puede quedar sin ser planificado, y en este plano lo inesperado causa caos y no es aceptado. En estos casos, el margen de error es analizado y verificado, pero tan ex-

> Mientras una persona duda porque se siente inferior, la otra está ocupada cometiendo errores para llegar a ser superior.
>
> Henry C. Link

haustivamente que, en el momento de decidirse a revertir ese resultado, probablemente la oportunidad ya haya pasado.

4. Vivir con miedo

Cuanto mayor sea el miedo de equivocarte, más posibilidades tendrás de error y fracaso.

El miedo a accionar frena e impide los resultados. El miedo a comprometerse es el peor de los temores, no solo por el hecho de haber podido fracasar en determinado plan de objetivos, sino que el peor fracaso es la falta de compromiso con uno mismo para triunfar. Uno debe creer que es merecedor de ese triunfo. Nuestra estima debe ser tan clara como lo es nuestra visión para, entonces, sí poder abrazarla y conquistarla.

Todos estamos capacitados para triunfar. La diferencia es que los exitosos no tienen miedo ni al margen de error ni al fracaso momentáneo. Con soñar no les alcanza, sino que necesitan evaluar y alcanzar las metas establecidas.

5. Ser apáticos

El éxito encierra en sí trabajo, fuerza, pasión, energía, tiempo, persistencia y ganas; mientras que la apatía es una cualidad incompatible con el fracaso y también con el éxito.

O eres frío o eres caliente; los tibios no alcanzan ningún resultado.

En estas personas, el problema no es la dimensión del fracaso, sino el grado de apatía que impide transformarlo.

«Había una anciana que tenía muchos años pero era muy vital. A pesar de que se movía apoyada en unas muletas, era como una dinamo. Ejercía de voluntaria en el ayuntamiento y siempre estaba dispuesta a ayudar a quien lo necesitara. Un día, un nuevo amigo le preguntó qué enfermedad había padecido que le había dejado aquellas secuelas físicas. Ella le explicó que, de niña, había sufrido poliomielitis y que durante unos años había estado casi paralizada.

»El amigo le dijo: "Evidentemente aún tienes un importante problema de movilidad. ¿Cómo puedes hacer tantas cosas?"

»La anciana le respondió con una sonrisa: "Ah, querido amigo, ¡es que la parálisis nunca me ha afectado ni el corazón ni la mente!"»

6. No descubrir nuestra propia motivación interna

Muchas personas, para comenzar a ejecutar un proyecto, viven esperando la situación ideal, el tiempo perfecto, que el viento sople a su favor, y solo entonces se disponen a actuar. Pero el proceso es al revés.

> Empiece teniendo el final en su mente.
>
> Stephen R. Covey

A medida que los logros comiencen a surgir y te apasiones con el proyecto, la motivación aparecerá y aumentará por ese mismo deseo de visualizar el proyecto concluido. La inspiración y la motivación crecen a medida que te adentres en la visión.

La obsesión por tu visión te movilizará y te permitirá superar cada error o fracaso, o el desánimo que pueda aparecer a

> No hay nada que canse más que un trabajo sin terminar.
>
> William James

mitad de camino. Aprende a celebrar cada vez que termines lo que comenzaste.

7. Baja estima

¿Quién dijo que no puedes lograr lo que quieres? ¿Quién dijo que no se puede bajar de peso? ¿Quién dijo que no se puede ser feliz? ¿Quién dijo que no se puede prosperar? ¿Quién dijo que no se puede tener un hogar bendecido y próspero? ¿Qué voz es la que estás oyendo?

Hay un momento en que necesitamos detenernos para escuchar nuestra propia voz interior, aquella que nos impulsa, que sueña, que nos convierte en cazadores de oportunidades y nos permite seguir avanzando.

Alguien escribió: «Las batallas de la vida no siempre las ganan los hombres más fuertes o rápidos, pero tarde o temprano el hombre que gana ¡es aquel que sabe que puede hacerlo!»

Las personas capaces de transformar cada fracaso en éxito son seguras de sí mismas. Saben que la confianza y la convicción son el comienzo del éxito. Para el que cree, todo es posible.

8. Vivir apegado a lo viejo

Mientras vivamos apegados a lo viejo, al error y la crisis, el fracaso nos limitará y nos matará poco a poco. ¿Has fracasado? Ese no es el problema, fracasar es permanecer en el mismo lugar de la derrota. Vivir apegado a las tradiciones es negarse la oportunidad de prosperar y avanzar. El pasado es la peor elección. Si permaneces en él, le estarás dando poder y autoridad para que te robe el presente y el destino. El pasado te roba los sueños y el destino.

«Las cosas viejas pasaron, he aquí que hoy son todas nuevas», dice la Biblia. ¿Tu futuro, tu éxito?

> Tu hoy, tu visión, no dependen ni de tu herencia ni de tu pasado.

No mires atrás. Avanzar es emocionante a pesar de todo, desafiante. Afrontar cada circunstancia y vencerla es lo que da ese *bonus track* que nos incentiva y nos estimula a seguir siempre un poco más. Lo que hoy hagas es lo que habilitará el lugar donde estarás mañana. No malgastes tu hoy pensando en lo que pudo haber sido. Oportunidades nos acontecen a todos.

> La única manera de impedir que vuelva lo que ha pasado es detenerlo antes de que suceda.

Lo que construyas te pertenece. Todo responde a una conducta: pregunta-respuesta; causa-efecto; el resultado dependerá de lo que apuestes: ¿al pasado o al futuro? Al éxito se lo construye ladrillo a ladrillo, y luego se lo disfruta.

9. Estar centrado en «el otro»

La envidia es uno de los sentimientos más negativos, apunta a destruir tanto lo envidiado o a su poseedor como a uno mismo.

Este sentimiento surge como resultado de una estima pobre y lastimada, y de una descalificación continua de aquellos que sienten que no tienen la capacidad para lograr lo que la otra persona logró.

Estas emociones finalmente terminan convirtiéndose en

raíces de amargura tan profundas que contaminan y echan a perder todo lo que hay en la mente, el alma y el espíritu, y nos alejan del foco de los objetivos.

Pasamos más tiempo pensando lo que el otro está haciendo que en ocuparnos de lo que realmente es importante y urgente realizar para nuestra meta. La envidia mata las expectativas antes de que lleguen a destino. Y en esta obsesión por tener lo del otro, nos olvidamos de que **la felicidad se encuentra en hacer y conseguir, no en tener y poseer.***

10. Perder el tiempo

Las personas hacedoras de éxitos valoran y aprovechan el tiempo al máximo. Hacer lo que no sirve y no trae resultados limita. Mientras algunos dicen «no tengo tiempo para nada», ellos están obteniendo el mayor rendimiento de cada segundo. Saben priorizar, ordenar sus objetivos y proyectos, y concentrarse en aquello que más les redituará a corto y largo plazo. No pierden el tiempo en hacer muy bien aquello que no es necesario hacer.

Los exitosos no dejan para mañana lo que deben hacer hoy, no postergan decisiones. Actúan con ganas o sin ellas. Saben que esperar es dejar morir esa posibilidad.

Las empresas multinacionales saben que para competir y ganar necesitan moverse ágilmente. Según informes, la empresa de ropa H&M redujo el tiempo de fabricación de sus prendas para los ochocientos locales que tiene de doce meses a tres, disminuyendo así tiempo y costes. Ahorrar tiempo es también ahorrar dinero y esfuerzo. Concentrarse

---

* MAYER, Jeffrey J., *El éxito es un viaje*, Editorial Amat, Gestión 2000, Barcelona, 2013, pág. 34.

en lo importante y lo prioritario es lo que permitirá que alcances tu visión.

Si no logras salir lo antes posible del fracaso, el fracaso te fagocitará. Reconocer y visualizar cada uno de estos errores te permitirá deshacerte de estructuras de pensamiento y de acción rígidas y obsoletas y construir el futuro antes de que suceda. En una ocasión, le preguntaron al jugador de hockey Wayne Gretzky por qué era tan bueno en lo suyo, a lo que él contestó: «Casi todos patinan hacia donde está el disco, pero yo patino hacia donde el disco va a estar.» Todo, hasta el éxito, se construye a partir de una visión; desde tu presente se construye el futuro. Ese ángulo especial desde donde este jugador observaba el disco le permitía reconocer cómo conducirse y, a partir de ahí, jugar. Genera la atmósfera y el clima que necesitas para que las cosas sucedan; evalúa constantemente los resultados y, a partir de las palabras que pronuncies, comienza a crear el lugar al cual te propusiste llegar. Cada palabra que sale de tu boca tiene poder y vida para crear.

En el libro del Génesis, Dios dijo: «Sea la luz, y fue la luz»; luego dijo: «Haya expansión en medio de las aguas y separe a las aguas de las aguas», y fue así; hablaba y acontecía, hablaba y sucedía, hasta que dijo: «Hagamos al hombre a nuestra imagen»; y así fue. Creó al hombre a su imagen con la misma autoridad que la suya para hablar y hacer, hablar y producir. Todo lo que digas creyendo será hecho.

2. CÓMO TRANSFORMAR EL FRACASO EN ÉXITO Y NO MORIR EN EL INTENTO

¿Cuál de todos estos puntos piensas que es tu talón de Aquiles? ¿Cuál de todas estas conductas, hábitos o formas de comportamiento es tu error más frecuente? ¿Tu debilidad?

Volver a cometer una y otra vez el mismo error dependerá de las inseguridades y la falta de decisión con que convivas a diario. Los límites que nosotros mismos generamos terminan habitando en nuestra mente hasta el punto en que los creemos y los incorporamos, inhabilitándonos para seguir avanzando. Sentimos que fracasar es igual a «no me van a aprobar», «no sirvo», «rechazo»; y esta falta de aceptación interna anula el movimiento, la acción y la visión; y, sin visión, los errores, las desilusiones y los fracasos se sobredimensionan y adquieren un tamaño irreal. Sin embargo, todo lo que crees que te falta no lo necesitas verdaderamente. Es la limitación misma por la que, mientras creas en ella, no estarás en condición de alcanzar el éxito.

A esto llamamos **paradigmas**: aquellas ideas que consideras verdaderas, pero que en realidad son falsas. Frente a ese muro, te acomodas para funcionar de la misma manera; y ese mismo acostumbramiento, el inerte confort, termina siendo tu enemigo mayor.

Existe una teoría, elaborada en el libro *El subdesarrollo está en la mente*, que se encarga de desenmascarar las causas y los pretextos de por qué Latinoamérica es pobre, analizando varios conceptos falsos. Uno de ellos es el del clima. Esta teoría asegura que Latinoamérica no posee el clima necesario ni favorable para que el progreso se establezca en esos países. Falso. Argentina posee las cuatro estaciones climáticas, lo cual favorece cualquier actividad agrícola-ganadera.

La segunda teoría acusa al recurso bruto interno. Pero esto también es falso. Japón después de la guerra quedó devastado y hoy es una potencia mundial. Y la tercera teoría cita que las grandes potencias poseen mejores suelos para la agricultura y el ganado, lo que también es falso. Suiza no utiliza sus suelos y, sin embargo, es el banco del mundo.

Todas estas teorías constituyen paradigmas, es decir, sistemas de pensamientos falsos que limitan nuestra mente a conformarse a vivir en un país subdesarrollado, pero con todo el potencial para ser potencia.

No solo aquellos conceptos erróneos incorporados son de limitación, sino también todo lo que hoy ya hayas logrado. «Lo que tienes es lo que te limita para alcanzar un nuevo nivel de objetivos»; «lo que ya logré, es lo que alcancé» y es lo que llamamos «zona de confort». El éxito alcanzado no puede ser el límite de lo nuevo y de lo que está por venir. Ten en cuenta que no se posee ni se alcanza lo que no se está dispuesto a perseguir.

Las viejas creencias, con el tiempo, tienden a convertirse en irrefutables haciéndonos perder tiempo y rédito.

A los mismos fracasos hay que enfrentarlos y refutarlos con nuevas alternativas de cambio.

Por eso, ante un fracaso:

- Analiza las variables que usaste y que no te dieron resultado.
- Genera la mayor cantidad de alternativas posibles de poner en funcionamiento. Recuerda: para un mismo error puede haber cientos de soluciones.
- Determina que tu fracaso tiene solución y disponte a generar cambios que atraigan los resultados que necesitas.

Cada error dejará de anularte a partir del momento en que no te avergüences de él o lo encubras, sino que lo afrontes.

Quaker Oats compró la empresa Snapple por miles de

millones y luego gastó cientos de millones más para que funcionara. Esta empresa perdió millones de dividendos que pertenecían a los accionistas, ya que Quaker creía que podía vender lo que fuere en el mercado. Durante años, siguieron cometiendo los mismos errores, hasta que finalmente, sin haber aprendido del error, tuvieron que malvender la empresa con una pérdida millonaria.*

El orgullo y el ego es otro de los puntos a considerar y la razón de muchos fracasos. Aprendiendo del error y dejando nuestra idea o estrategia como única y exitosa, podremos revertir el fracaso en logro, conocer su déficit. Cuando el error es capitalizado como beneficio, trae intuición y extensión. Desde este lugar el fracaso te habrá formado y entrenado para no volver a cometer los mismos errores de siempre. Para eso, necesitas centrarte en ti y no en el fracaso. Los errores se repetirán mientras no aprendamos de ellos. Las malas experiencias deben ser aprovechadas, y no solo las nuestras, sino las de los demás también.

> Todo en el mundo está por hacerse o por terminarse. Todavía no se ha pintado el mejor dibujo, ni se ha cantado la mejor canción, ni se ha escrito el mejor poema.
>
> Lincoln Steffens

Vencer el fracaso es liberarse del dolor y de la frustración que originó dentro de uno.

Siempre puedes superarte, siempre hay más por conquistar, por generar. Todo lo creado está a tu disposición. Todo lo creado fue diseñado para que lo dominemos, pero solo podremos hacerlo cuando el fracaso o el error no tengan el control de nuestra vida.

Los cimientos deben ser removidos para alcanzar logros mayores que los que ya has conseguido.

* JENNINGS, J., y L. HAUGHTON, op. cit.

3. EN RESUMEN

El destino no se puede cambiar; de lo contrario ya no sería destino. El hombre, sin embargo, sí que puede cambiar, de lo contrario ya no sería hombre.

VIKTOR FRANKL

TERCERA PARTE

10

ACTITUD + APTITUD = ÉXITO

1. AL MAL TIEMPO, BUENA CARA

Dos hombres miraban a través de las rejas de la cárcel; uno vio lodo, el otro las estrellas.

No siempre podremos prevenir lo que nos sucederá, pero sí elegir la manera en que vamos a reaccionar frente a las circunstancias.

A esta elección la llamaremos ACTITUD.

Tu actitud te pondrá en el primer lugar o en el último. Te levantará o te derribará.

¿Qué es lo que determina que dos personas en la misma condición vean diferente el mismo cielo? Seguramente, la actitud que adopten ante el desafío que tienen por delante.

La actitud es el ingrediente que todos necesitamos para afrontar el fracaso, el error o la pérdida. A través de ella, podremos ver la transformación de los hechos y no el fin de ellos.

Muchas veces, observamos a personas que no han sido

beneficiadas desde el comienzo con los mejores recursos y las mejores condiciones para triunfar; sin embargo, son ellas las que llegan, disfrutan de la vida y gozan de ánimo y aliento, mientras que muchas otras, con mejores posibilidades de acción, ante el menor inconveniente asumen una postura de víctima y de descontento.

Ellos no saben que la vida está compuesta en un diez por ciento por lo que nos sucede y en un noventa por ciento por cómo reaccionamos ante ello.

La vida nos dará lo que esperamos de ella. Todo comienza en tu cabeza; por eso, no te dejes llevar por tu mente, tu mente es lo más «demente» que tienes.

Cada día procura mejorar tu actitud y los procesos que están por delante. Pregúntate: ¿cómo puedo hacer mejor lo que estoy haciendo?; ¿habrá otra forma de obtener mayor rédito y beneficios?

Recuerda que el resultado no depende de la cantidad de habilidades y recursos de los que dispongas, sino del uso que hagas de los mismos. Especialízate en algo, y sé el mejor en todo lo que hagas, sobresal en ello.

> Las grandes empresas no tratan de ser excelentes en todo, sino de sobresalir en lo que hacen mejor.

No te esfuerces en ser perfeccionista. Sé excelente. La excelencia te conduce a ir siempre a por más. La excelencia te permitirá siempre hacerlo mejor, y obtener un rendimiento exitoso, permanente y firme.

Ser portador de una buena actitud y una destacada excelencia te hará alcanzar y subir siempre un escalón más, en todo lo que hagas.

Por eso, al mal tiempo, buena cara. El fracaso solo ocupará el lugar que quieras darle.

Ese espacio no dependerá del afuera, sino de lo que hay en tu interior. Es una elección netamente personal.

2. ¿ES SOLO UNA CUESTIÓN DE ACTITUD?

Comencemos por responder estas dos preguntas:

a. ¿Por qué algunos fracasan reiteradamente mientras que otros se vuelven a levantar?

Una cuestión de Actitud.

Clement Stone expresó: «Hay muy poca diferencia entre las personas, pero marca una gran diferencia. La pequeña diferencia es la actitud. La gran diferencia está en si es positiva o negativa.»

b. ¿Cuál es la condición que te lleva al éxito?

Un tema de Aptitud.

Actitud + Aptitud = ÉXITO

La cultura popular, los medios de comunicación, definen el término «actitud» como sinónimo de éxito y ganancia.

«Con una buena actitud —dicen—, tienes el logro asegurado.»

Pero, lamentablemente, en la realidad diaria no es así. La actitud por sí sola no alcanza.

La actitud debe ir acompañada de talento, habilidades y capacidades; es decir, de APTITUD para lograr el éxito esperado.

En los *shows*, como vemos diariamente en televisión, percibimos que la actitud ayuda y favorece el desenvolvimiento personal; pero la aptitud es lo que completa y nos permite alcanzar el resultado de esta ecuación: ÉXITO.

La actitud será la indicada de marcar la diferencia. Podemos optar por considerar el fracaso como un error momentáneo o como un resultado que nos inmovilice para seguir actuando.

De acuerdo a la actitud y la posición que elijas, estarás en condición de considerar el fracaso un hecho de aprendizaje y usarlo como trampolín para tu próximo logro, o bien como un resultado sin retorno. Las malas actitudes hacen que lo que no luce bien, luzca aún peor. Las buenas actitudes generan puertas abiertas y oportunidades de oro.

La elección está en tu mente. Podrás definir los acontecimientos como posibilidades o como profundas equivocaciones sin salida.

Las conexiones y las oportunidades que atraerás hacia tu vida o las que evitarás que te alcancen serán de acuerdo a los pensamientos y las conductas que establezcas. Si tu posición es verte como un perdedor, todo error o equivocación que se presente seguramente será vivido como un fracaso.

El filósofo Voltaire comparó la vida con un juego de cartas. En el juego, a cada participante le tocan ciertos naipes, pero está en cada uno de ellos la manera en que los va a usar.

Tal vez, al mirar las cartas que te tocaron, veas que la mayoría son más malas que buenas, y te preguntes qué puedes hacer con ellas.

> No hay nada que la fe y un deseo ferviente no puedan hacer realidad. Tú puedes concebir cualquier cosa que tu mente sea capaz de concebir y de creer.
>
> Napoleon Hill

Quizá lo que debas hacer es esforzarte un poco más que el resto de los jugadores, poner en ese juego todas tus aptitudes, tus habilidades y, junto a una actitud positiva, seguramente ganes esa partida.

Tus pensamientos determinarán tu entrada al éxito o tu permanencia en el error. Cada decisión y cada elección señalarán nuestra victoria o nuestro fracaso.

Si determinas lo mejor para ti, el primer obstáculo que aparezca o una simple equivocación no te robarán el objetivo.

Trabaja en aquello que puedes lograr; mejora y capacítate de acuerdo a tu aptitud.

Desarrolla tus fortalezas. No pongas el foco en lo que no puedes hacer, en lo que te debilita y te quita las fuerzas. Lo que pienses de ti mismo es lo que crecerá dentro de tu mente, de tu espíritu y, finalmente, será traducido en resultados.

> **La mente tiene su propio lugar y en sí misma puede convertir el infierno en cielo, o el cielo en infierno.**
>
> **John Milton**

Hace un tiempo, vi la película *Something the Lord Made*, que cuenta la historia de dos hombres que desafiaron la medicina de la época.

Uno de ellos es el reconocido médico Alfred Blalock, quien realizó el primer trasplante de corazón, mientras que su ayudante, Vivien Thomas, luchó todo el tiempo por superar las limitaciones que, por ser de raza negra, debió afrontar en aquella época.

Thomas era carpintero y de condición social muy pobre, pero su sueño era grande.

Soñaba en convertirse algún día en médico, pero su color de piel no le otorgaba ese derecho.

Comenzó su trabajo limpiando los desperdicios de los animales en el laboratorio del doctor Alfred Blalock. Con el tiempo, Blalock vio la capacidad y la habilidad de este muchacho, por lo que comenzó a derivarle cada vez más tareas relacionadas con sus ensayos, hasta que lo convirtió en su ayudante personal.

Vivien aprendía todo de su mentor. Leía y estudiaba todo lo que llegaba a sus manos.

Un hombre dotado de talento y de una actitud de hierro; superó cada uno de los obstáculos. Rompió los límites y las estructuras mentales de la época, los prejuicios raciales y sociales, y, a pesar de que pasó por momentos difíciles e injusticias, nunca claudicó.

Su actitud y su aptitud lo hicieron brillar y obtener finalmente su sueño.

En 1976 fue reconocido por la Universidad Johns Hopkins con el título de doctor honoris causa del hospital, y hoy su retrato se encuentra en los pasillos del mismo lugar que años atrás le había negado la entrada por la puerta principal.

El fracaso nunca entró en su mente, ni el conformismo ni la mediocridad. Supo superarse a sí mismo. No esperó nada de nadie, fue responsable de su propia vida.

Su potencial, su capacidad y su aptitud jugaron un rol primordial en su capacitación profesional; mientras que su actitud fue lo que marcó la diferencia.

La actitud es la fuerza interior y la confianza en sí mismo que nos impulsa y moviliza para vencer cualquier obstáculo o circunstancia adversa. La aptitud es la habilidad y el potencial que posees para encontrar una salida a cada fracaso o imposibilidad.

Ni tu actitud ni tu aptitud por sí solas son suficientes. Ambas son necesarias para superar los errores y alcanzar los logros y sus beneficios. Tus pensamientos definidos en acción son los que determinarán el alcance de tu éxito.

3. ¿FRACASO REAL O MENTAL?

Tómate un tiempo y piensa:

a. Identifica los sentimientos que te esclavizan y las actitudes que te desaniman.

_____

_____

_____

b. ¿De qué manera afrontas los desafíos que tienes por delante?

_____

_____

_____

Una vez que tus emociones sean identificadas, podrás hacer los cambios pertinentes para acceder al éxito y salir de la zona del fracaso.

En muchas ocasiones, los pensamientos que llenan nuestro interior y nuestra mente, junto con la vulnerabilidad de las emociones, juegan en contra sin darnos cuenta.

Detenernos y volver a armar el juego es positivo.

¿Qué es lo que hoy controla tu mente: pensamientos de derrota o de triunfo? Y, en este punto, no me estoy refiriendo ni a «positivismo» ni a «buena onda», ni a la Nueva Era, sino a mejorar y depurar todos aquellos pensamientos, sistemas de creencias y hábitos que no te permitieron hasta hoy desarrollar tus metas y proyectos.

Desafíate. ¿Esto es todo lo que soy capaz de hacer? ¿Cómo puedo batir mi propio récord? ¿Qué me hace falta y de qué tengo lo suficiente como para comenzar ya?

Piensa un momento:

¿De qué otra forma podrías estar mejorando este trabajo que tienes entre manos?

Tal vez, con mayor dedicación, con una mejor predisposición. Esforzándote un poco más.

> Las ventas no se hacen o deshacen dentro de la oficina de un posible comprador.
> Se hacen o deshacen dentro de ti.
>
> Brian Azar,
> ejecutivo de ventas

El mejoramiento y el cambio continuo empiezan primero en tu mente y en tu espíritu. Todo cambio requerirá de ti, de tu energía, de tu tiempo, de tu dedicación y de tu voluntad para hacerlo eficaz, y recuerda:

Actitud (pensamientos correctos)
+ Aptitud (dones y talentos)
= ÉXITO

Una actitud correcta requiere de una decisión personal diaria de mejorar continuamente.

Tu actitud y tu aptitud te llevarán a un lugar de aprendizaje y de desafíos que jamás pensaste pisar. Solo necesitas atreverte a que ambas funcionen paralelamente. Una será sostén de la otra, y ambas de ti mismo.

Esta es la historia de Helen Rice, una mujer que tenía un sueño y a quien esta fórmula le resultó.

Su sueño era estudiar Derecho, pero debido a las vicisitudes de la vida no pudo hacerlo. Su padre murió durante la epidemia de 1918.

En ese momento decidió aceptar un puesto de trabajo en una compañía eléctrica. Más tarde conoció a un joven banquero con quien se casó, pero su felicidad no duraría mucho tiempo. Con la caída de la Bolsa en 1929, este hombre se suicidó.

Otra vez sola, trabajó para una industria revisando tarjetas de felicitación.

Helen también escribía poemas y a veces algunos de ellos eran publicados.

En una ocasión, una de sus poesías fue leída por L. Show y su vida dio un cambio repentino. Vendió más de siete millones de libros escritos por ella. ¡Ah, me olvidaba de contarte: esta mujer sufría de una enfermedad degenerativa en su cuerpo!

Unos versos de su poesía dicen así:

«Tu trabajo no está completo ni ha terminado, / solo has llegado a una curva en el camino.»*

No te centres en la dificultad, sino en su solución. Lo importante es lo que sucede dentro de ti. La solución está allí, en tu interior.

No te centres en el error, en las situaciones adversas, en el destino, sino en las múltiples posibilidades que tienes de solucionarlo o revertirlo. Confronta a diario tus debilidades y temores, y rápidamente dejarán de ser obstáculos.

Aquellos que alcanzaron el éxito, tuvieron que atravesar los mismos problemas que tú y yo, pero ellos se atrevieron a traspasarlos, superarlos y animarse a ir a por más a pesar de...

Sé competente, prepárate cada día para ir a por más, no vivas de fantasías ni de éxitos o logros pasados; ya fueron. Actitud y aptitud son sinónimos de reingeniería y mejora continua.

El reto es hoy, en el aquí y ahora. El reto es tu herencia, ¿qué vas a dejar a las futuras generaciones? ¿Y a ti mismo?

---

* http://www.helensteinerrice.com/

4. LAS PERSONAS CON PROPÓSITO NO SABEN DE FRACASOS

Las personas con propósito no les temen ni a los errores ni a los fracasos, saben que estos son momentáneos y que no están destinados a quedarse para siempre.

Esa misma esencia es la tuya, solo que necesitas descubrirla.

El lugar donde hoy estás es el lugar de tu proceso, el de tu preparación para llegar a la meta y al sueño cumplido.

El problema surge cuando piensas que donde hoy estás es donde vivirás para siempre. Este pensamiento es lo que determina que el fracaso te condicione y te robe el objetivo.

Hay una paz que es la que todos anhelamos tener, y es la paz de estar cumpliendo con lo que debemos. Todo fue creado con propósito, con un fin. Y nosotros también.

Muchas veces, fracasamos por vivir una vida que no nos corresponde, y no hay nada peor que vivir una vida que no nos pertenece.

Hay un sueño que es tuyo, y nadie excepto tú podrá concretarlo. Por eso, no pierdas el tiempo aconsejando a otros sobre sus vidas, procura primero hacer lo que está diseñado para ti. La meta más grande de todo ser humano es poder cambiarse a sí mismo, y el logro más poderoso es tener sabiduría para guiar su propio destino. Pide tener sabiduría.

Sabiduría significa aplicar el conocimiento adquirido.

> **La sabiduría es mejor que las piedras preciosas, la sabiduría es mejor que las armas de guerra.**
>
> **Libro del Eclesiastés**

Somos seres increíblemente libres. Nos corresponde elegir vivir en gozo o en depresión; en triunfo o en derrota. Ser feliz es vivir una vida llena de desafíos y de destino.

Si hoy te dijeran que es el último día de tu vida y tuvieras la posibilidad de elegir qué hacer y decidieras seguir haciendo lo mismo que hasta ahora, significaría que estás viviendo con propósito y con destino.

Sé excelente con tu propósito. Un hombre de propósito sabe que lo que lo define como persona no es el lugar donde hoy está sino adónde va.

> El mejor uso de la vida es utilizarla en algo que dure más que ella.
>
> **William James**

5. LADRAN, SANCHO, EL OBJETIVO ESTÁ CERCA

Durante la Segunda Guerra Mundial, un hombre tenía la misión diaria de buscar los cuerpos de los soldados caídos, recogerlos y enterrarlos. Pero ese hombre que convivía con la muerte tenía un sueño, y era un día hacer un parque de atracciones. Ese hombre lo logró. Era Walt Disney.

Cuando tienes un sueño, visión y objetivo, aunque en tu presente estés «enterrando cadáveres», tu visión estará puesta en ese sueño, y esa energía te mantendrá vivo, con esperanza, con fe.

La visión te afianza y te saca del anonimato. Cuando tu sueño penetra en tu espíritu y se arraiga en él, el fracaso no tiene lugar. Picasso decía: «Mi madre dijo: si te haces soldado serás un general; si te haces monje, acabarás siendo el Papa. En lugar de eso, me convertí en pintor y acabé siendo Picasso.»

Aprende a escuchar tu propia voz interior. El mundo no te debe nada, por lo tanto, no estás

> No puedo darle la fórmula del éxito, pero sí que puedo darle la del fracaso, que es la siguiente: intente complacer a todo el mundo.
>
> **Herbert Swope**

obligado a complacerlo. Paul Newman comenzó en una ocasión a vender potes del original aliño para ensaladas que había fabricado durante años en el sótano de su casa para él y para obsequiar a sus vecinos en Navidad.

Lo que empezó como una broma acabó siendo una empresa que suministra el aliño para ensaladas a McDonald's.

Paul Newman cuenta en su libro *Shameless Explotation in Pursuit of the Common Good* que se ha dedicado a hacer todo lo contrario de lo que se supone que debía hacer para que su empresa prosperara y le ha ido maravillosamente bien.

No escuchó al afuera, sino solo su propia voz interior. Como apunta su editor en el libro: «Hay tres reglas para llevar un negocio; afortunadamente, no las conocemos.»

Escuchar su propia voz interior les ha ayudado a encontrar caminos que los que conocen las reglas difícilmente pueden contemplar. Los expertos le decían: «No se ofenda, señor Newman, pero solo porque usted les haya robado el corazón como Butch Cassidy no garantiza que les gustará su aliño para ensaladas.»Los consultores vaticinaron a Newman en su primera visita un 45 % de posibilidades de un fracaso estrepitoso, por lo que decidió que los cuatrocientos mil dólares que se tendrían que haber gastado en un estudio de mercado por todo el país se quedaran en una pequeña cata que organizaron ellos mismos con conocidos para comparar, a ciegas, el sabor de su producto con el de otros ya establecidos; y no les fue nada mal. Newman aceptó a regañadientes que su aliño llevara una imagen suya en la etiqueta, pero no hubo muchas más concesiones: el producto tenía que ser natural, sin conservantes, y con ingredientes de la mejor calidad. Los encargados de la producción inicialmente le dijeron que era imposible fabricar el producto sin conservantes, pero se pudo.

Y, a pesar de todos los obstáculos que tuvo que sortear, frente a amenazas del *slotting*, pagos, en 1982 obtuvieron 65.000 dólares de beneficio, y en 2002 sus ventas alcanzaron los ciento diez millones de dólares, con doce millones de beneficios, que distribuyeron entre más de doscientas organizaciones sociales.

Ante esto Newman agrega: «No puedo decir que tenga instinto filantrópico por naturaleza. Solo fue una combinación de circunstancias [...]. Ahora que estoy metido hasta las cejas en la venta de alimentos, comienzo a comprender el lado romántico de los negocios: el atractivo de ser el pez más gordo del estanque y el encanto de ser mejor que tus competidores.»*

El afuera que diga lo que quiera, siempre tendrá algo que decir. Lo importante es cumplir tu objetivo.

5. EN RESUMEN

El escritor Zelinski dice que hay tres cosas esenciales para disfrutar la vida al máximo: Actitud, Actitud, Actitud.

> Si crees que puedes hacer algo, eso es confianza.
> Si lo puedes hacer, eso es aptitud.

J. MAXWELL

* http://www.clarin.com/diario/2006/05/30/conexiones/t-01204725.htm

11

EL BENEFICIO DEL ERROR

1. ¿ERROR U HORROR?

Siempre estamos a tiempo de revertir un error o fracaso en beneficio y éxito. Todos contamos con la posibilidad, el talento y la disciplina necesarios para transformar cualquier reto. El tema es poder hacer lo que corresponde en el momento oportuno.

Pero en los momentos en que los objetivos no se cumplen, las personas suelen sentir que han fracasado consigo mismas, olvidándose de que sin riesgo es imposible llegar a destino.

Diversos autores se han ocupado de hablar y opinar sobre las incidencias que el error tiene en una persona; por eso, es el momento de desmitificar el error como un elemento de desastre y otorgarle el verdadero valor que la palabra encierra. En diversas teorías, como en la skinneriana, se enseña que el individuo debe tratar de evitar por todos los medios posibles el error.

Donde haya seres humanos, donde existan planes, donde haya proyectos y metas y sueños, es probable que en el proceso de la construcción de los mismos nos encontremos con errores.

El error nos permite cambiar y mejorar, todo lo contrario de lo que las teorías estrictas e inamovibles definen como «error». Ellas se empeñan en definir el error y el fracaso como un resultado sin retorno, sin cambio, irreversible, del cual no hay vuelta atrás. **Pero nada más erróneo que esta identificación del concepto.**

Aquí no se trata de establecer una nueva teoría sobre el error, sino de poder convertir esa falencia en una nueva fuente de aprendizaje.

Lo importante es generar, a través de cada equivocación o cada fracaso, nuevas ideas y nuevas oportunidades.

Por cierto, ¿te has detenido a pensar en algún momento cuántas veces ante un error o un fracaso han querido consolarte con dichos populares como: «otra vez será», «la próxima vez te irá bien», «todo tiene arreglo, menos la muerte», «no hay mal que por bien no venga» y muchos más según del país y la cultura en que vivas? Y no solo los dichos o refranes se han ocupado de la posibilidad de equivocarse, también la ciencia lo ha hecho. Es la propia ciencia quien define sus investigaciones antes de llegar al resultado esperado como «investigaciones de ensayo y error».

> No solamente el aprendizaje vulgar, sino también el científico, está sometido, pues, a ensayo y error.
>
> **Saturnino de la Torre**

¿Quién de todos nosotros no fracasó o erró el camino en algún momento?; ¿quiénes de todos los que fracasaron sobrevivieron a esa situación?

Todos, al hacer y al producir, estamos expuestos a enfrentarnos al fracaso momentáneo. Aun en aquellos momentos en que hayamos alcanzado el éxito, solemos temer que el fracaso golpee a nuestra puerta. Pertenecemos a una sociedad que exige respuestas exitosas, y no se conforma con un segundo o un tercer puesto: o eres el primero, o no eres nada. Ahora bien, la pregunta debería ser, ante esta continua exhibición, ¿cómo podrán enfrentarse las personas a estos retos? Dependerá de lo que consideres como «éxito» o como «fracaso».

Un pensamiento flexible es el que nos permitirá autorizarnos a fracasar y entender que tanto el fracaso como el éxito forman parte de un mismo proceso. **Será fracaso solo si se decide que lo sea.**

Una mirada positiva del fracaso nos permitirá abordarlo más saludablemente.

En Japón, los mayores héroes de leyenda son quienes han fracasado en la batalla. Lo que hace que sean héroes no es el modo en que logran el éxito, sino la manera en que afrontan el fracaso. En su libro *La relatividad del error* Asimov sostiene: «La gente cree que correcto y equivocado son absolutos, que todo lo que no es correcto de modo perfecto y completo está equivocado de modo total. Yo no opino esto. Creo que correcto y equivocado son conceptos borrosos.» Mientras unos asumen el fracaso y con insistencia se encargan de revertirlo, otros se frustran y se quedan por el camino. Muchos deciden permanecer allí, en el fracaso, cometiendo cientos de veces ese mismo error capaz de desvirtuar todo lo que estuviste trabajando. Y desde esa posición, repetimos conductas y pautas de funcionamiento que no suman, sino que restan a nuestros sueños. Veamos con cuáles de ellas te identificas más, y recuerda que todo lo que visualices en tu mente es hacia donde todo tu ser se moverá y atraerá.

1. El nivel de nuestra agresión es el nivel de nuestra frustración: cuanta más agresión nos genere el fracaso, más tardaremos en visualizar la solución.

2. Lo acumulado termina siendo reemplazado: cuando todo el tiempo acumulamos errores y no nos detenemos a revertirlos, terminamos por reemplazarlos por nuevos errores. Ocuparse a tiempo del fracaso nos transformará en personas más eficaces.

3. Cuanto más espectador seas de tu vida, menos resultados obtendrás: no eres un simple observador de la vida, sino el creador y el ejecutor de la misma.

4. Cuanto más preocupado estés por tu fracaso, menos podrás resolverlo: observar desde otra perspectiva esta situación permitirá darle la puntuación y el valor adecuado de interés que posee.

Puedes elegir permanecer en el fracaso o confrontarlo. Hay un proverbio inglés que dice: «El que nunca comete errores, nunca logra hacer nada.» Son los hechos y los resultados los que demostrarán quién eres. Las elecciones que determines definirán tu persona.

> **Un mundo competitivo te ofrece dos posibilidades: perder o, si quieres triunfar, la alternativa de cambiar.**
>
> **Lester Thurow**

En todo error siempre hay un beneficio escondido, una nueva oportunidad, solo que hay que encontrarlo.

Aceptar los errores es el primer paso indispensable para poder seguir adelante: siempre hay una posibilidad nueva de aprender de ellos y hacer los ajustes y los cambios necesarios para llegar a la meta.

En toda debilidad siempre hay un beneficio, el quid es saber encontrarlo. Si no fuera así, no existiría el dicho popular «de los errores se aprende», y, si de verdades y de dichos se trata, te cuento que Charles Goodyear, tratando de encontrar una manera más fácil de manejar el caucho, usó una mezcla que se endureció de una manera que él no esperaba, dado que este material se fundió con otros que en la fórmula original no aparecían. Gracias a este incidente, Goodyear descubrió el proceso industrial de la vulcanización del caucho.

Según Popper, un principio básico es que, para evitar equivocarnos nuevamente, debemos aprender de nuestros propios errores. Cada error cometido nos llevará a pensar, a replantear objetivos, a construir nuevamente nuestro desafío, con la diferencia de que ahora sí estaremos en condición de rediseñar las estrategias a seguir, en base a puntos y diseños que sabemos que serán eficaces, y nos permitirá a partir de este nuevo modelo obtener los resultados que perseguimos. De los errores se aprende y también de la agudización del aprendizaje que puedas obtener de él.

Sé libre y crea, no tengas miedo a equivocarte, no permanezcas en la zona de control y confort por miedo. Perder una batalla no significa que perderás la guerra. Expande tu mente y tu horizonte, en todo lo que emprendas siempre habrá una nueva oportunidad. Cada vez que vuelvas a comenzar, revalúa el camino a seguir; seguramente esta vez lo recorrerás en mejores condiciones.

Edison es un ejemplo de tenacidad. Nada lo detuvo. A sus setenta y siete años de edad su laboratorio ardió por completo en un incendio. Sus palabras fueron: «Menos mal que en el incendio se quemaron todos nuestros errores. Ahora podremos tener un nuevo comienzo.»

> **Un problema bien expresado es un problema que está medio solucionado.**
>
> **Charles F. Kettering**

Tanto Edison como tú o como yo somos personas capaces de levantarse de los reveses de la vida. Las personas tenaces no necesitan de la motivación externa para seguir, sino que esta fuerza nace en sus mismos espíritus. El fracaso no queda sellado ni en sus mentes ni en sus almas.

Franklin Roosevelt decía que no hay que tener miedo de nada salvo del propio miedo.

McDonald no se preguntaba sobre la calidad de sus hamburguesas, sino que su interrogante era cómo lograr que más chicos acudieran a sus locales.

La pregunta correcta es: ¿cómo puedo hacer para que lo que estoy haciendo me dé más réditos? Una visión correcta del problema determinará soluciones reales y prácticas.

De cada situación que atravieses, formúlate esa pregunta. No solo en las relaciones con lo económico, sino también en cada relación interpersonal que inicies.

Lo que estés haciendo siempre podrá ser mejorado. Permítete salir de esos círculos viciosos que no te permiten avanzar y te detienen inmóvil en la misma zona del caos. Registra todo lo que viene a tu mente. No todo está inventado, aún falta tu creación, y piensa que el fracaso no es el fin de la historia, sino el comienzo de un nuevo éxito.

2. VUELVE LA PÁGINA Y OCÚPATE DE LO PRIMERO

Cuando menos los esperas, ahí están los obstáculos. Nadie los invita y nadie los llama; sin embargo, aparecen por su cuenta.

Empiezas un proyecto, todo va de maravilla y, en cierto momento, surgen muchos obstáculos que te dicen que no será fácil alcanzar tu meta.

Y es justo en este momento cuando parece que todo se te ha ido de las manos; no sabes cómo seguir y la incertidumbre que sientes acarrea más caos. Pero todo se puede revertir.

¡Respira hondo!, es solo un obstáculo.

Grandes científicos fracasaron cientos de veces antes de dar a conocer descubrimientos que cambiarían la historia de la humanidad. El fracaso otorga nuevos conocimientos de cómo no hacer determinadas cosas y de qué sí debes hacer.

Reorganízate y vuelve a empezar. Tienes a tu disposición miles de neuronas conectadas a dendritas que te facilitarán la tarea. **Todas las cosas ayudarán para bien si tu objetivo es claro y conciso.**

Tal vez durante años pensaste que un fracaso era el desastre total, la derrota, la guerra perdida, el final. Hoy descubres que solo es parte de un proceso de aprendizaje, parte de un proceso de ensayo y error, en el cual necesitamos replantear la situación, hacer los ajustes necesarios y continuar hacia el objetivo. Las acciones correctas traerán resultados acertados.

Un simple fracaso no es impedimento para anular y desistir tu visión. ¿O sí? ¿Es tan frágil el propósito que persigues? ¿Qué es lo que verdaderamente frena tu avance? ¿Qué sustento tiene tu objetivo: emociones o decisiones?

No es saludable para tu autoestima pensar «qué hubiera sido si me hubiera atrevido a...».

Superar el fracaso es parte del éxito. Si lo intentaste y vuelves a fracasar, levántate otra vez, y di lo que dijo don Quijote de la Mancha: **«Podrán los encantadores quitarme la ventura, pero el esfuerzo y el ánimo, imposible.»**

Un estudio hecho por Jennings y Haughton señala que Michael Dell comenzó a fundar su empresa en la misma habitación donde estudiaba en la universidad; y diez años después sus activos superaron a muchas empresas líderes del mercado, como Hewlett Packard y Compaq, e incluso IBM.

Lo que este crecimiento muestra es que este hombre no

necesitó una estructura, ni cargos, ni consejos ni burocracia para poder desarrollar una empresa exitosa y redituable.

Los objetivos y los proyectos rara vez suelen ser exitosos desde el comienzo. En muchas ocasiones es preciso corregir el error, no preocuparse por las pequeñeces.

> El éxito es el éxito, no la capacidad objetiva de alcanzarlo.
>
> **Fernando Pessoa**

Harry Potter y la piedra filosofal, el libro que ha vendido millones de ejemplares, fue rechazado por doce editoriales y solo la decimotercera lo contrató por unas pocas libras esterlinas. Hoy es un éxito multimillonario.

Siempre que haya objetivos, habrá posibilidad de éxito. El fracaso solo será un indicador de la ausencia de ellos.

La visión lo es todo en la transformación del error.

La visión siempre te impulsará hacia delante. Sin visión, los pueblos se desenfrenan y no saben hacia dónde van; lo mismo sucede en el plano personal.

La visión y la meta son los verdaderos motivos por los que hay que recomenzar las veces que sean necesarias; el llegar es la verdadera razón de la acción.

¿Cuál es tu causa, por qué estás luchando?

1. La causa de AOL es construir un medio global que sea tan importante para las personas como el teléfono o la televisión, pero más útil.
2. Para Hotmail es revolucionar y democratizar las comunicaciones.
3. Walt Disney quería construir un lugar para hacer feliz a la gente.
4. Para Mary Kay tener una empresa donde cada mujer pudiera desarrollar el potencial que tenía y valerse por ella misma.

Tu objetivo ejercerá influencia en tu modo de actuar y en tu predisposición para encararlos. Tu propósito te une y te liga a la meta. Solo hará falta que creas en tu proyecto y comiences. Obsesiónate por llegar.

El valor del esfuerzo trae grandes recompensas. El fracaso es la oportunidad más grande que tienes de saber quién eres realmente. Tu espíritu y tu mente necesitan avanzar y crecer con tu visión para tener resultados. «La diferencia entre los que triunfan y los que fracasan es que aquellos transforman en hábito hacer las cosas que a estos no les gusta hacer. Y las cosas que les apetece hacer a los que fracasan son las mismas que no les gusta hacer a los que triunfan.»* El éxito no depende de las circunstancias, sino de aquello que te has propuesto alcanzar.

> **La iniciativa personal genera éxitos allí donde otros fracasan.**
>
> Lionel Sosa

3. CUANDO ACEPTO EL ERROR ES CUANDO PUEDO CAMBIARLO.

Si piensas en el error, cometerás otro error. Cometer errores es parte de un proceso de aprendizaje.

Cientos de opciones esperan ser escogidas para afrontar ese error o fracaso que estás atravesando. Explota todas tus aptitudes, capacidades, tu alma, tu espíritu y todos aquellos valores que aún puedan mejorar-

> **Los errores son más notorios cuando se busca deliberadamente no cometerlos.**
>
> José F. García Méndez

* Frase correspondiente a Brian Tracy.

se a medida que te comprometas con tu destino. Goethe decía: **«El error yerra mientras busca algo.»** El error es un impedimento a primera vista, pero si comprendes que este siempre puede ser refutado, tu posición y los resultados que obtengas de él cambiarán rotundamente. Las mentes que no se conforman con el error son las que saben sacar provecho y adquirir ventajas del mismo.

Tratando de crear un rayo para derribar aviones enemigos, Robert Watson-Watt cometió muchos errores, pero supo aprovechar al máximo y utilizar cada equivocación cometida, hasta que finalmente dio origen al radar. Al cabo de un tiempo, se encontró estableciendo una cadena de estaciones de radiolocalización de aviones. Como verás, no se trata de evitar los errores, sino de sacarles el máximo provecho. A esto podemos agregar que la creación del radar es ciento por ciento un resultado de un **«fracaso exitoso»**.

Seamos conscientes de que mientras avancemos, mientras más nos proyectemos, más posibilidades de errores habrá en el camino. El error es ignorar algo parcialmente, mientras que la ignorancia se convierte en un error cuando es la razón por la cual actuamos. El interesarnos en el error es lo que nos permitirá darnos cuenta de por qué nos equivocamos y entender cómo a partir de ahí podemos revertir la situación.

Edward de Bono dice: «Los errores son un aspecto natural del proceso racional. No pueden evitarse porque surgen directamente del funcionamiento mental. Uno no puede efectuar una actividad pensante adecuada sin errores, del mismo modo que no existe un motor de gasolina que carbure sin lanzar gases residuales.»

Frente al error, no te sientes a llorar y quejarte.

Refútalo y pregúntate:

- ¿Estoy bien centrado?
- ¿Me siento lo suficientemente apto para revertir este error o dudo que pueda hacerlo?
- ¿Fueron eficaces las estrategias elaboradas?
- ¿Qué es lo que cambiaría y qué es lo que dejaría igual?
- Si este fracaso lo estuviera experimentando otra persona, ¿qué haría yo para solucionarlo?
- ¿Hice lo suficiente para obtener el resultado esperado?
- ¿Siento pasión por lo que estoy haciendo?
- ¿Qué es lo que no me permite llegar al resultado óptimo?

Ahora, define nuevamente el objetivo y proponte alcanzarlo.

Si estás centrado en el fin, serás tú quien gobierne y controle las circunstancias, de lo contrario ellas serán las que dominen tus emociones y decisiones. Planifica cómo y qué vas a hacer para transformar ese fracaso en un éxito notorio.

Lo importante no es llegar al objetivo algún día, sino optimizar el tiempo y obtener lo mejor y lo extraordinario de cada proyecto.

> El error no es una meta que haya que perseguir, pero tampoco un resultado que haya que condenar sin antes examinar su proceso.
>
> **Saturnino de la Torre**

Para que tu meta no sea una mera ilusión óptica sino un hecho concreto:

No aceptes las excusas.

No pongas límites a tus capacidades.

Sé competitivo y audaz.

Pon a tu disposición la inteligencia y todo el potencial que tienes.

Comprométete y enamórate de tu proyecto.

Géstalo y planifícalo.
Persevera hasta el final.
Dalo a luz, gózate, disfruta y brinda por él.

4. ¿POR QUÉ EL BENEFICIO DEL ERROR?

1. Porque el éxito rara vez nos hace pensar y detenernos a visualizar el cómo y el proceso que atravesamos para llegar allí; en cambio, el error sí lo hace

Al investigar por qué esa estrategia o ese método no funcionó, determinaremos nuevos diseños que nos acercarán mucho más rápidamente al éxito.

¿Cuántas veces, a través de una dificultad, descubriste cosas tuyas que jamás imaginaste que poseías? ¿Pensaste en algún momento que serías lo suficientemente fuerte para traspasar ese obstáculo y derrotarlo?

El ser humano necesita aceptar el error como punto de partida hacia el éxito. El poder visualizarlo y analizarlo nos permitirá darle un giro a ese modo de llevarlo a cabo y revertirlo en el resto del recorrido que nos falta atravesar. Los errores y fracasos están para ser transformados en fracasos exitosos; no sirve su enjuiciamiento y su penalización.

2. Porque hoy disponemos de cientos de herramientas que posicionarán al error no como un caos, sino como una oportunidad competitiva

El Corte Inglés decidió lanzar una campaña en la cual la empresa incitaba al cliente a comprar sin miedo todo lo que quisiera, sin temor a equivocarse dado que la firma se hacía responsable de los errores de producción y, al mismo tiempo, el cliente sabía que si ese artículo no era de su satisfacción, le devolverían el dinero. Con esta táctica, la empresa aumentó el caudal de ventas y competitividad.

3. Porque hoy descubrimos que a partir del error podemos construir

Edward de Bono sostiene: «Equivocarse suele ser esencial para la creatividad.» ¿Te lo imaginabas?

Gestar y parir tu sueño debe ser tu forma de vida. En la vida hay distintas clases de personas: los actores, los espectadores y los que se quedan afuera. Los buenos actores son los únicos que pueden alcanzar el éxito. Los del segundo grupo lo celebrarán y los del tercero, a lo sumo, oirán el rumor lejano de los aplausos.*

¿Qué es lo que hoy te mantiene vivo? O mejor dicho, ¿qué es lo que hoy mantiene vivo ese sueño? ¿Qué harías por alcanzar tu meta?

No esperes que las oportunidades aparezcan, sal a buscarlas. Shakespeare decía: «Acción es elocuencia.»

Deshazte de todo lo que no sea primordial para tu objetivo. Al comienzo tal vez te llenes de

> Si no existe un compromiso, solo habrá promesas y esperanzas pero ningún plan concreto.
>
> **Peter Drucker**

prejuicios, dudas, miedos e incertidumbres; pero a medida que pongas en marcha nuevas estrategias e ideas, el fracaso irá quedando atrás, y solo habrá sido una experiencia de

---

* MONDRÍA, Jesús, *Mejore su rendimiento*, Gestión 2000, Barcelona, 2002, pág. 168.

aprendizaje que te capacitará para obtener un mejor rendimiento y una mejor capacidad de resolución en el próximo obstáculo.

5. EN RESUMEN

Hay un dicho que reza: «No hay error más peligroso que el de quienes se consideran en posesión de la única verdad.»

12

MENTE DE FRACASO, MENTE DE METAS

1. ¿CÓMO TRANSFORMAR UNA MENTE DE FRACASO EN UNA MENTE DE METAS?

a. Como primer punto, define lo que significa para ti la palabra «éxito»

Para cada uno de nosotros, la palabra «éxito» no significa lo mismo. Para unos puede ser ganar mucho dinero, para otros poseer propiedades y poder, o quizá fundar una familia y lograr que su entorno triunfe y alcance sus sueños.

Pero hay momentos en que, cuando lo importante tarda o no se concreta, el fracaso nos anula y nos distrae del objetivo.

Según las estadísticas, solo el 2 % de las personas dan los pasos necesarios para alcanzar el objetivo. Con tal motivo, para volvernos a enfocar necesitamos poner en funcionamiento nuestro potencial, deshacernos de todas aquellas ideas obsoletas que hasta ahora no arrojaron los resultados esperados y, a partir de allí, transformar ese fracaso en un proyecto exitoso y redituable.

Cuando tu nuevo objetivo esté determinado en tu mente y en tu espíritu, el fracaso no tendrá oportunidad ni vías de acción.

Cuando los astronautas pisaron por primera vez la Luna, tenían un plan estratégicamente diseñado con tiempo, objetivos y metas a cumplir. Nada había sido dejado al azar. Todo fue planificado premeditadamente.

- Una mente de metas sabe lo que es capaz de alcanzar; se prepara y se instruye para lograrlo.
- Una mente de metas sabe diferenciar entre desear mucho algo e ilusionarse con ello, y determinarse y creer que no habrá nada que impida su cumplimiento. Una mente destinada al éxito sabe que todo fracaso o error es refutable y que, a pesar de ellos, vale la pena tener que superarlos.

El secreto del alcance del éxito estará determinado por:

1. Lo que piensas.
2. Lo que dices.
3. Lo que eres capaz de sostener en el tiempo.

El creer que sucederá nos permite ordenar los pasos a seguir y visualizar día a día nuestro avance. Una meta cumplida trae éxito, gratificación, gozo, salud y recompensa.

El objetivo cumplido aumentará tu estima y tu capacidad de generar nuevos éxitos.

b. Como segundo punto:
¡No escuches a tus emociones!

Una mente llena de fracasos se maneja con emociones, una mente de meta se desenvuelve a partir de creencias correctas y verdaderas.

¿Sabes por qué hay tanta gente que vive de fracaso en fracaso y no logra alcanzar ninguna meta?

Porque sus emociones dañadas los determinaron a vivir, a sentir, a hablar y actuar llorando, permaneciendo cautivos del dolor y la frustración.

Por eso necesitas aspirar a ser libre en tu alma y a menospreciar lo que no sirve en tu vida.

> **Nunca vas a ver fructificación si primero no hay perdón y sanación en tu vida.**

Cuando comiences a manifestarte sano, podrás determinar una mente de metas, una mente que conoce que su destino son los resultados extraordinarios y que sus recursos están en las nuevas oportunidades que discierna su mente.

Al éxito hay que provocarlo.

2. UNA MENTE DE METAS NO CONOCE DE FRACASOS

Una mente con metas claras, estrategias definidas y creencias correctas nunca permanece varada a mitad del camino. Siempre llega y conquista.

Una persona que tenga una meta muy clara conseguirá avanzar incluso en las condiciones más difíciles.

Una persona que no tenga ninguna meta no conseguirá avanzar ni siquiera en las condiciones más favorables.

THOMAS CARLYLE

Una mente de metas:

- Conoce de principio, de proceso y de cierre.
- Sabe que una meta conduce a otra, y a otra y así sucesivamente.
- Piensa con claridad y precisión.
- Cuenta con las herramientas necesarias para quebrar el fracaso y revertir el error.
- Tiene claro el diseño a seguir. No vive de la improvisación y del ilusionismo, sino de acciones concretas y dirigidas.
- Reconoce cuándo ha alcanzado el éxito y no necesita que otros se lo indiquen.

El éxito comienza por tener una mente de metas. Si no disponemos de metas, no sabremos hacia dónde enfocar nuestro objetivo.

Definida la meta, el paso siguiente es elaborar la estrategia y el plan que nos permita alcanzarlo. Las estrategias dirigirán la energía y el esfuerzo hacia el foco del proyecto.

Sin un plan predeterminado, es imposible alcanzar el objetivo. Las ideas que no se vuelcan en un papel, siguen siendo solo ideas.

La meta necesita detallar el plan de acción, todos los pasos a seguir. Aquel necesitará ser flexible para sumar o quitar nuevas pautas o formas de funcionamiento.

La planificación evitará que nos sumerjamos en el desorden y el caos.

Un plan bien diseñado siempre obtiene logros y objetivos. La meta requiere entrenamiento, constancia y voluntad; el plan los expresa en hechos.

> **Cree en tu meta y apuesta por ella.**

Cuando lo hagas, los otros también apostarán por tu proyecto.

Peter Daniels es un hombre de negocios, un exitoso empresario conocido en todo el mundo, cuya pasión es ayudar a que otros puedan descubrir su propósito.

Sin embargo, atravesó por muchísimos problemas de aprendizaje en su infancia.

Hasta la edad de veintiséis años no aprendió a leer y escribir. Vivió con diferentes familias y en distintos hogares.

No comprendía las palabras y no lograba asociarlas, por lo cual fue etiquetado por sus maestros como «estúpido». Una de sus maestras lo hacía poner de pie delante de la clase y le decía: «Peter Daniels, eres un niño malo y nunca llegarás a ninguna parte.»

Como cualquier otra persona con una estimulación semejante, abandonó todo y se dedicó a la albañilería. Esto no lo conformó, por lo que intentó abrir un negocio, pero fracasó. Lo siguió intentando y volvió a fracasar una y otra vez.

Mientras intentaba nuevamente otra oportunidad, se decía: «Estoy aprendiendo y no he cometido el mismo error dos veces. Esta es una experiencia excelente.»

Y finalmente llegó el momento en que tuvo una cartera de clientes que valía millones.

En una entrevista cuando se le preguntó qué es lo que lo había decidido a seguir después de tres bancarrotas, y cómo a pesar de tantos fracasos logró alcanzar el éxito, respondió: «Dediqué tiempo a pensar. De hecho, dedico un día a la semana solo a pensar. Las mejores ideas, oportunidades y empresas que me han hecho ganar dinero surgieron en los días que me tomaba para pensar. Acostumbraba a encerrarme en el estudio y daba instrucciones estrictas a mi familia de que no me interrumpieran en ninguna circunstancia.»*

Este hombre pudo idear mediante estrategias concretas un plan de acción que refutara lo que otros habían determinado que iba a ser su herencia: un fracaso.

Con voluntad de hierro definió un plan a seguir, no dejó nada al azar. Todo fue minuciosamente pensado.

Su objetivo definía sus estrategias y su acción; y así fue como llegó a ser y tener lo que se había propuesto para su vida. El fracaso nunca fue una alternativa.

Por eso, si en tu mente hay metas a obtener:

1. Detalla la meta a lograr.
2. Recaba la información necesaria.
3. Diseña la estrategia, ¡no improvises!
4. Reúne y administra los recursos a utilizar.
5. ¡Actúa!

La vida es muy peligrosa. No por las personas que hacen el mal, sino por las que se sientan a ver lo que pasa.

LUCIO ANNEO SÉNECA

* Información obtenida de peterdanielsonline.com.

3. UNA MENTE DE METAS SABE DAR GIROS DE 360°

Si has fracasado cambia la estrategia, nunca te conformes con lo que has logrado. El conformismo adormece tu mente y tu espíritu. En todo lo que hagas, siempre habrá algo más para descubrir y para hacer.

Si te conformas con lo que conquistaste hasta hoy ya no habrá más desafíos, riesgos, sueños, mejores sueldos, mejores ropas, mejor salud; continuamente puedes mejorar y avanzar un poco más.

Las nuevas estrategias necesitan nuevos patrones de conducta y de resolución.

Un ejemplo es lo que decidió la empresa Xerox cuando descubrió que su plan original no los acercaba a las metas económicas fijadas. Xerox estaba perdiendo casi un 77 % de su valor en Bolsa.

Conocidos estos datos, los directivos no se permitieron fracasar, por lo cual optaron por cambiar inmediatamente la estrategia que hasta entonces no les resultaba redituable.

Con los estudios de mercado pertinentes, pasaron de ser una empresa netamente comercial que solo se encargaba de la venta de equipamientos a los usuarios, a ser una empresa que, además de vender las maquinarias necesarias, presta atención a las preguntas de los clientes y da solución a todos los problemas que se les presentan con los equipos.

La nueva estrategia significó no solo ser número uno en venta de equipamientos, sino también número uno en brindar solución a sus clientes.

Una empresa con metas se permite cambiar de estrategia a fin de salir del fracaso y generar los resultados fijados.

Para transformar el fracaso en éxito, necesitas buscar

nuevas propuestas, nuevos criterios, nuevas pautas de funcionamiento y determinarte a llegar a la meta.

Una mente de metas genera su propio juego.

Ahora bien, si en determinado momento no alcanzaste el objetivo fijado, revisa la situación y pregúntate: ¿la situación por la que estoy atravesando es realmente un caos, o el fracaso solo está en mi mente y en mi estructura de pensamiento?

Con la respuesta que obtengas, determina hasta dónde estás dispuesto a invertir para revertir la situación.

La pasión de tu objetivo, de la meta a alcanzar, será el motor que te impulse y te motive a hacer todos los cambios necesarios hasta llegar.

Una mente llena de metas claras, reales, específicas y cuantificables te permitirá evaluar los resultados y revertir el rumbo si los logros obtenidos no son los esperados.

Resumiendo, para revertir el error y salir de él:

- Busca asesoramiento.
- Establece nuevas estrategias a cumplir.
- Evalúa si invertir en lo que estás haciendo te posibilita llegar a la meta.
- Determina cuáles son las prioridades que necesitas revertir con urgencia.
- Define nuevas estrategias y pautas de funcionamiento que permitan la mejora continua.

4. UNA MENTE DE METAS CONOCE DE RESULTADOS

Si la meta a alcanzar está definida, tienes la mitad del proyecto conquistado.

Una meta clara te permitirá volcar en ella toda la creatividad y la energía necesarias para que deje de ser un proyecto y se convierta en una realidad.

Danny Cox, consultor de negocios, expone en esta narración las prioridades a fijar en el camino hacia la meta: «Si tienes que saltar sobre una rana, no la mires mucho tiempo. Si tienes que saltar sobre más de una rana, salta primero sobre la más grande.»

Es decir: ocúpate primero de lo importante, de lo prioritario.

> Cuando trabajes, trabaja, y cuando juegues, juega; no permitas que se mezclen.
>
> **Jim Rohn**

Si comienzas por invertir tiempo en lo secundario, tal vez te desenfoques y pierdas de vista lo primordial y lo urgente.

Las metas deben ser:

- **Claras:** Una meta clara es aquella que tiene definido dónde uno quiere ir, lo que quiere alcanzar. Debemos vernos en la meta y traducirla en términos de conducta y acción. Los que tienen resultados tienen mentalidad de metas claras.
- **Concretas:** Napoleon Hill decía: «Toda casa bien construida empezó con planos definitivos impresos en papel.»
- **Específicas:** Toda meta específica debe desarrollar un plan de acción, una guía de los pasos a seguir. Nunca consideres nada como obvio. La precisión de la meta interviene en la calidad del resultado.

  Hay un anónimo que dice: «Tener todo el dinero del mundo no es muy bueno si difícilmente puedes salir de la cama por las mañanas para disfrutarlo.»
- **Cuantificables:** La mayoría de los latinos tendemos a tener una mente abstracta; queremos «salud, dine-

ro y amor», «paz, pan y trabajo». Pero ¿cuándo alcanzamos esas cosas? Nunca, porque son abstractas. Las metas deben ser medibles. Necesitas determinar cuánto quieres ganar y en cuánto tiempo lo vas a alcanzar. Una meta concreta nos permitirá saber cuándo la alcanzaremos. Por eso es que necesita ser cuantificable.

- **Reales:** En tiempo y en número. Cada palabra debe ser convertida en acción y en un resultado real y verificable.

- **Desafiantes:** Las metas desafiarán el sentido de tu vida, harán que apartes tus barreras y no tengas límites.

- **Flexibles:** Ser flexibles es el elemento esencial que necesita una meta para que pueda ser cumplida. Charles Darwin decía: «No es la especie más fuerte ni la más inteligente la que sobrevive, sino la que mejor se adapta al cambio.»

- **Apasionantes:** Una mente de metas define y visualiza la foto de llegada, la foto del éxito. Y hacia ella avanza. Cada día prosigue hacia la meta. No abandona la carrera y corre para ganar. Tiene ambición por alcanzar el objetivo, es entusiasta y pone pasión en todo lo que hace.

> **Algunos persiguen la felicidad. Otros la crean.**
>
> **Anónimo**

Una mente de metas sabe lo que quiere, no necesita de voces externas. La motivación es interna y es el resultado a lograr.

Los que llegan no buscan problemas, sino soluciones; no evitan las decisiones, las toman y se hacen responsables y cargo de ellas.

El presidente Kennedy solía recordar una sentencia de Confucio: «La victoria tiene cien padres; la derrota es huérfana.»

Todos queremos adueñarnos del éxito y lograr fama por ello, pero nadie quiere ser el padre del fracaso. Siempre es el otro quien tomó la decisión equivocada.

Los fracasados dicen: «Ya te dije que no iba a funcionar.»

Sea el resultado que sea, lo más sano es hacernos cargo de lo que produjimos. Ignorar el resultado sería estar anulando el proceso de aprendizaje. Tanto en el éxito como en el fracaso, somos protagonistas y de ambas situaciones seguimos asimilando.

Los que llegan conocen de arriba abajo, de derecha a izquierda y viceversa, el objetivo que tienen por delante. Son obsesivos con su meta y nada queda librado al azar.

A Keith Reinhard, presidente y delegado de DDB Needham, le obsesionaba un único objetivo: recuperar la cuenta de publicidad de McDonald's que había perdido en 1981.

Insistió durante quince años produciendo y analizando campañas para McDonald's que no le habían solicitado. Sin embargo, este hombre iba y ofrecía en todo el mundo la publicidad que ideaba, incluso citaba frases que el mismo McDonald había expresado.

Hasta que en 1991 logró volver a reunirse con el encargado de marketing de la empresa y, cinco años después —sí, cinco años después—, la empresa volvió a encargarle la publicidad de sus locales y de su marca.*

Los que llegan conocen lo que dice Jeffrey J. Mayer: «Cuando no se planifica, se está planificando el fracaso. La

---

* MAYER, Jeffrey J., *El éxito es un viaje*, Amat, Barcelona, 1999, Gestión 2000, pág. 30.

planificación inteligente es un ingrediente esencial para el éxito de cualquier empresa.»

Sé competente al concretar la meta y el éxito no será un sueño, sino un hecho tangible. Establece en tu mente la meta a conquistar y luego lánzate a conquistarla.

5. Una mente de metas sabe esperar

En el libro de Habacuc, el profeta enseña que, aunque la visión tarde, debemos esperarla, dibujarla, vivirla, hacerla carne, soñar con ella, trabajar en ella, hasta que deje de ser una visión y pase a ser una realidad.

Los investigadores dicen que, para hacer una venta exitosa, antes debes haber fracasado en nueve intentos. Por lo tanto, cuando te determines a alcanzar una meta, necesitarás llenarte de paciencia. **La paciencia es grandeza, perseverancia; es ánimo largo.**

Los japoneses dicen: «Un viaje largo comienza con un paso», con paciencia, que es la actitud indicada para realizar pequeñas acciones, las que finalmente determinan que el ánimo se mantenga en el tiempo.

Piensa en algún fracaso que hayas tenido y recuerda qué sentiste frente a él.

Todos hemos fracasado en algún momento, en un área de nuestra vida. Todos podemos contar historias tristes en lo sentimental, en lo familiar, en lo personal, en lo económico, todos hemos cometido errores.

Algunos de ellos se produjeron por ignorancia, otros por no haber contado con todos los elementos que necesitábamos.

Tal vez emprendiste un negocio, pero no investigaste lo suficiente para evaluar si la inversión requerida te traería los resultados que esperabas, y este fracaso originó síntomas y sensaciones de baja autoestima o manipulación.

Piensas que esto no puede estar pasándote a ti, y el autorreproche es permanente en tu mente y la angustia y la decepción crecen cada vez más. Todo esto se debe a que los individuos no tienen tolerancia frente a la frustración.

Pero tengo que decirte que la frustración es parte de la vida. No todo lo que queremos es lo que en realidad necesitamos, y no todo lo que necesitamos muchas veces lo alcanzamos en el momento en que queremos.

Ahora bien, ¿qué pensarías si te dijera que tu proyecto ha fracasado y tienes veinticuatro horas para solucionarlo y ser promovido al cargo que estabas deseando y con honorarios siete veces mayores que los actuales?

Seguramente, esta propuesta haría que tu cerebro despertara y generara cientos de ideas creativas para salir de la zona del fracaso y alcanzar el éxito esperado.

O tal vez, en esta situación, surja una energía innovadora que ignorabas poseer, porque nada funciona sin esfuerzo, energía extra y atención constante. ¿Acaso no sabes que los hombres que triunfaron se exigieron y se esforzaron siempre un poco más?

Claro que sí, ellos también tuvieron que implementar cambios, crear nuevas alternativas de trabajo, tolerar la frustración y convivir, momentáneamente, con el fracaso, aprendiendo de él diariamente.

Cuando la meta y tú se convierten en la misma persona, millones de ideas nuevas surgirán con el fin de ver la obra concluida. No existirán ni barreras ni límites que impidan el fluir de las ideas, por lo que el fracaso ya no será fracaso.

Sé fiel en comenzarla y en acabarla. Solo necesitas tiempo, paciencia, perseverancia e ideas.

6. UNA MENTE DE METAS SABE DE IDEAS

El fracaso depende en gran parte de las reglas y normas que aplicamos a diario. Hacer siempre lo mismo y de la misma forma no te garantizará resultados diferentes, ni nuevas posibilidades.

Innovar y crear diferentes alternativas de acción nos convierte en personas competitivas y de resultado.

El doctor C. K. Prahalad, profesor de la Universidad de Harvard, dice que la estrategia no consiste en jugar todos en la misma cancha y al mismo nivel, sino en poseer alguna ventaja que nos diferencie de los demás.

Las personas muchas veces fracasan y se desgastan por vivir compitiendo con otros. En esa carrera no disciernen ni los errores ni los beneficios de lo que han emprendido.

Los exitosos no miran hacia los lados, tampoco hacia atrás, ellos siguen hacia la meta, produciendo ideas de oro, ideas inspiradas, ideas que solo nacen en una mente y un espíritu que no pone condicionamientos a lo nuevo y a lo que está por venir.

Una mente de ideas no necesita competir con nadie, ni destruir al otro para obtener un papel protagonista. El competir nos desgasta y nos resta energía.

La mejor opción es superarte a ti mismo cada día. Todos hemos sido dotados con talentos y dones para lograrlo.

Las ideas y la ejecución de las mismas serán lo que te diferenciará de los demás y te posicionarán en el lugar que te corresponde.

La competencia no es con el otro, es contigo mismo.

> La competencia es con tus propias ideas.

La expectativa que depositas en tu idea y en tu objetivo será la que te permita hacer caso omiso a los imposibles. Si estas metas son sueños y visiones que se originaron en tu espíritu, no importa el fracaso o el error que puedan surgir en el camino, los «no» no podrán detener todos los «sí» que están por venir.

Tal vez tengas metas, ideas, y más metas y más ideas. Pueden ser magníficas todas ellas, pero no te detengas en ese punto.

Cada idea loca o divagante puede ser convertida finalmente en un producto exitoso. No descartes nada en la primera etapa. No compres la primera y única idea. Exige más y luego más.

Genera cientos de ideas. Puede suceder que algunas fracasen, pero otras se superarán a sí mismas; y así darás vida a una idea de oro, que te permitirá alcanzar el éxito. Y una vez que surjan, plásmalas en papel y ejecútalas. Hasta lo más disparatado puede ser el hilo conductor hacia un proyecto único.

Al existir mayores probabilidades se generarán mayores posibilidades de éxito.

Tomar más tiempo del conveniente para producirlas en acción hace que ideas geniales queden en el olvido, sean sometidas a conceptos, a resoluciones y a meras discusiones vanas. Quiebra lo tradicional y rutinario, proyéctate hacia lo nuevo y lo diferente.

Recuerda: **«A más ideas, más éxito»**, lo que Alex Osborn, creativo, llamó *brainstorming* o, literalmente, «tormenta de ideas».

Esta técnica comprobó que la mayoría de las ideas fracasan en las reuniones, dado que, desde el comienzo, cuando se genera una gran cantidad de ideas, variadas o elevadas, irreales o locas, los asistentes comienzan a criticarlas con un ánimo destructivo sin darles el tiempo necesario para que surjan y maduren lo suficiente.

Así pues, Osborn desarrolló, para complementar su técnica, los pasos necesarios para organizar el *brainstorming*, que llamó «juicio diferido», el cual consiste en separar el proceso de una idea en dos fases:

1. En una primera fase los integrantes del grupo no pueden emitir juicio sobre las ideas generadas.
2. En la segunda fase, cuando hay cientos de ellas, se comienza con la selección de las mismas.

Con todas las ideas que generes, trabaja en tu meta. Empéñate y mejora con ella.

No seas sumiso, confía en cada idea que tengas. Trabaja a favor de las mismas, no seas tu propio boicoteador. Acalla las voces externas y presta mayor atención a tu voz interior.

Los deportistas saben de esto; ellos saben que alcanzarán la meta cuando sus pensamientos y su mente les acompañen favorablemente en la carrera.

Recuerda que una mente sana vive en un cuerpo sano, y un cuerpo sano es el que trabaja en favor de tu meta.

Insiste siempre un poco más.

Una mente de metas sabe:

- Ser apasionada en todo lo que comienza hasta que lo termina.
- Establecer el aprendizaje y la mejora continua como una forma de vida.
- Gozarse en todo lo que hace.
- Ser constante y perseverante hasta el final.
- Escuchar su propia voz interior y acallar las voces externas.
- Que su meta no es una obligación ni un mandato, sino una pasión por conquistar en sus vidas.

Tus metas te definirán y su alcance te dará integridad, estima, valor, fe, energía, nombre y apellido.

7. UNA MENTE DE METAS GENERA «IDEAS DE ORO»

Todos los individuos hemos sido creados con la capacidad de generar ideas. Pero dentro de la misma categoría existen ideas de oro, brillantes, creativas, de progreso y de resolución, que nos permitirán resolver viejos o nuevos conflictos y acceder a un nuevo nivel de resultados.

Las ideas de oro son como el uranio, tienen un potencial que, si lo sabes usar, tiene el poder de generar cambios y abrir puertas que te lleven hacia tu meta.

Según las estadísticas, cada día surgen dos mil ideas que, por no considerarlas, nos hacen perder grandes negocios y emprendimientos.

- Henry Ford tuvo la idea de llevar el coche a nivel popular y se hizo millonario.
- Bill Gates tuvo la idea de sacar los ordenadores que tenía el FBI y acercarlos masivamente al público en general, creó un programa para su ejecución y se hizo multimillonario.
- El señor Adams tuvo la idea de llevar a la boca un trozo de goma con gusto a menta y nacieron los chicles; nadie creyó que pudiera resultar, pero Chiclets Adams lo hizo multimillonario.

Todo lo que vemos a nuestro alrededor nació de ideas que se materializaron.

Sin embargo, las ideas no fluyen de la misma manera en

todas las personas. Sucede que se necesita de una atmósfera correcta para que puedan ser activadas. En determinadas ocasiones las ideas de oro no pueden fluir, y eso se debe a tres causas:

1. Costumbre: Muchas personas funcionan con «el piloto automático». Desde que se levantan hasta que se acuestan, funcionan y actúan de igual forma, rutinariamente, sin darse permiso para expresar la innovación y la creatividad que hay en su interior.

> Todo avance en la vida viene con una idea y estas son clave.

2. Tradición: Su lema es «siempre lo hice así», «toda mi familia lo hizo igual»; y la tradición tiene ese peso familiar de sagrado que limita lo nuevo y el poder avanzar hacia nuevos desafíos y niveles de resultados.

3. Experto: Son aquellas personas que lo saben todo y deciden no aprender más. Sin embargo, es en las personas menos expertas donde surgen las mejores ideas. Ellas no poseen el paradigma del experto de tener todo bajo control.

Las personas buscan métodos y no ideas de oro, esperan la norma establecida, perdiendo de vista que las ideas y no los métodos generan posibilidades y oportunidades.

Sin embargo, todos y cada uno de nosotros podemos crear una atmósfera y un clima adecuado para crear y avanzar hacia el próximo nivel.

Las malas decisiones no nacen de una equivocación intelectual, sino de una autoestima pobre y dañada; pero una idea brillante restaura la estima, el alma y la mente.

Elaborando una visión positiva de cada uno de nosotros podremos ser generadores de ideas de oro.

8. EN RESUMEN

El desafío:

Deje que otros tengan vidas insignificantes, pero usted no.

Deje que otros discutan sobre cosas sin importancia, pero usted no.

Deje que otros lloren por heridas pequeñas, pero usted no.

Deje que otros abandonen su futuro en manos de los demás, pero usted no.

JIM ROHN

¡¡Una mente de metas es sinónimo de diseños de oro, y estos, de excelencia!!

13

TRANSFORMAR UNA MENTE DE FRACASO EN UNA MENTE DE ÉXITO

1. UNA MENTE DE FRACASO ESTÁ LLENA DE CREENCIAS ERRÓNEAS

En nuestra mente conviven arraigados cientos de conceptos falsos que necesitamos erradicar si nuestro objetivo es dejar atrás el fracaso, el error, y comenzar a disfrutar del éxito.

Recuerda que los resultados en cualquier área de nuestra vida serán conformes a lo que pensemos.

El autor del libro *Piensa y serás rico,* Lionel Sosa, estudió las conductas y los pensamientos de diferentes grupos de personas en diversos países de América Latina.

Observó cómo confunden el término «ambición» con codicia, dado que los primeros conquistadores les inculcaron este concepto como algo malo.

Pero ni la ambición ni el poder son malos. Solo depende de la forma en que los usamos.

En cambio, nos hicieron creer que los términos «dependencia», «humildad» y «sometimiento», a los que podemos agregar «conformismo», «mediocridad» y «fracaso», eran las virtudes necesarias que se debían tener para poder ser considerados buenas personas y tener acceso al cielo; porque de acuerdo con cómo piensas, actúas, y si aplicas la ley de la transitoriedad, esto determinará los resultados a obtener.

Con estos conceptos erróneos de humildad, nos hicieron creer que la ambición era pecado y que no se debían tener sueños y metas, ya que una persona sin metas es fácilmente dominable por otros. Sin embargo, estos mismos conceptos difieren en su significado tanto en Europa como en Estados Unidos, donde las personas sí son ambiciosas y se sienten merecedoras del éxito y la ganancia. De esta forma, quedó establecido que Latinoamérica fue conquistada y, en cambio, Norteamérica colonizada.

Repetir cada día las conductas que necesitamos para llegar al objetivo hará que estas terminen convirtiéndose en un hábito adquirido y una creencia verdadera establecida.

Un hábito es la destreza que se adquiere por el ejercicio repetido. Cuando una acción ejecutada una y otra vez es adquirida, se la acciona automáticamente y agiliza la forma en que funcionamos.

> Sea lo que sea que pienses, si se repite lo suficiente, se hace realidad en tu vida.
>
> **Napoleon Hill**

Siempre obtendremos resultados, buenos o malos, acorde con los hábitos y actitudes que desempeñemos. «Los hábitos negativos producen consecuencias negativas. Los hábitos para alcanzar el éxito crean recompensas positivas. Así es la vida.»*

Ahora bien, si has acordado contigo mismo no aceptar

---

* CANFIELD, Jack, Mark Victor HANSEN, y Les HEWITT, *El poder de mantenerse enfocado*, Editor HCI Español, Deerfield Beach, 2000.

el fracaso como una alternativa, necesitarás adquirir hábitos que generen nuevas pautas de funcionamiento, para lo cual deberás recurrir a dos cualidades: persistencia y constancia.

Una mente llena de pensamientos positivos te acerca al éxito. Una mente llena de pensamientos negativos te mantiene presa del fracaso. Si en tu mente solo hay pensamientos de fracaso, todo lo que emprendas no tendrá un buen final.

Josh Billings observó que el problema de la mayoría de la gente no es tanto su ignorancia como el saber muchas cosas que no son tales. El resultado siempre está ligado al contenido de tu mente.

Si tu papel es el de protagonista, seguramente ganes la jugada y alcances beneficios mayores de los que esperabas.

Creencias erróneas te conducen al fracaso. Creencias verdaderas te acercan al éxito. Sea

> No me importa lo que otros piensen que hago, sino lo que yo pienso que hago. Eso es carácter.
>
> **Theodore Roosevelt**

lo que fuere que pienses, si se repite lo suficiente, concluye haciéndose realidad en tu vida.

Los pensamientos cerrados y rígidos crean perjuicios en vez de posibilidades. Crean límites donde no los hay, dado que solo se basan en el conocimiento adquirido sistemáticamente y no en la creatividad ni en la producción de ideas que te permitan salir de la zona del fracaso.

Muchas veces somos nosotros mismos los que buscamos la justificación de aquellas creencias que consideramos ciertas para seguir conviviendo con ellas.

Un pensamiento equivocado te lleva a una creencia equivocada, y una creencia equivocada te lleva a actuar equivocadamente. Las creencias erróneas te debilitan, te subestiman, te anulan y juegan en tu contra.

Actúas de acuerdo a lo que crees, y una acción equivocada trae resultados equivocados.

Una mente llena de pensamientos de fracasos te sitúa entre dos opciones:

1. El éxito que se aleja.
2. El trabajo que crece y nos domina.

Resumiendo: revisa tus pensamientos, verifica que sean pensamientos certeros, claros y definidos.

¿Estás teniendo los resultados proyectados y en el tiempo previsto?

¿Cuál de tus acciones diarias te reditúa mejores frutos?

¿Sientes que estás atrapado en una carrera en la que no puedes parar?

¿Tienes claro hacia dónde estás yendo?

¿En qué piensas la mayor parte del tiempo?

Recuerda que nuestra mente está bajo nuestro control. Tú decides.

2. UNA MENTE DE ÉXITO ESTÁ LLENA DE CREENCIAS CORRECTAS

Un pensamiento correcto trae consigo una creencia correcta y esta misma creencia te lleva a actuar correctamente, lo que produce resultados correctos. **Somos lo que pensamos que somos.**

El éxito no depende solo de las horas que trabajes, ni de las estrategias que diseñes. Antes de haberlo alcanzado, el éxito debe ser creado primero en tu mente para luego poderlo concretar.

Elena de Troya se cayó y recibió un golpe en la cabeza, y cuando se levantó creyó que era una prostituta y comenzó a prostituirse. Cuando su esposo Menelao se enteró, la fue a buscar y de lejos la vio prostituyéndose. Dice la historia que gritó: «¡Elena, reina de Troya!», y ella despertó, se dio cuenta de quién era en realidad y empezó a caminar como una reina. La vida no depende de las circunstancias, sino de quién decidas ser; son nuestras creencias las que definen nuestras acciones.

Una mente preparada para el éxito actúa estratégicamente desde el comienzo, nos acerca a la meta y nos aleja de todos aquellos esquemas mentales que nos predisponen a fracasar.

«Triunfar», «crecer» y «prosperar» son resultados a los que todos podemos llegar, pero no todos actuamos en pos de ellos.

El deseo por sí solo no produce resultados.

Todos poseemos una gracia especial, una habilidad que funcionará a nuestro favor en cada desafío planteado.

La autodisciplina y la actitud positiva, junto con la elección de objetivos y la determinación de cumplirlos, nos posibilitarán centrarnos en lo importante y lo urgente y diferenciarlo de lo que puede esperar.

La disciplina es esencial para cumplir un propósito.

3. ANTES DE PLANTAR, PRIMERO REMUEVE

Pensar en el fracaso como una alternativa posible no solo nos llena de estrés, sino que enferma nuestro cuerpo y todo lo que emprendamos.

Muchas personas se quejan todo el tiempo de los resultados que obtienen, pensando que la vida juega en su contra. Pero no es así.

Muchos fracasos o dificultades solo son contrariedades; y aquí no se trata de minimizar las circunstancias, sino de colocar el problema o el fracaso en el plano adecuado.

Lo que necesitamos no siempre es una tregua, sino una manera de pensar distinta, una manera diferente de evaluación y resolución.

El común de la gente fracasa por tener una mente de fracaso, no porque sus estrategias y planes no sirvan. Al fracaso siempre se lo puede enfrentar.

Permitir darle un giro a nuestros pensamientos nos empujará a pensar de otra forma, a disfrutar y gozar de todo lo que hacemos. Redefine tus objetivos, primero en tu mente, y luego escríbelos. Prueba a implementar nuevas posibilidades.

> **Los problemas importantes no pueden ser resueltos en el mismo nivel de pensamiento en el que surgieron.**
>
> Albert Einstein

El error será revertido de acuerdo al nivel de pensamientos y de ideas que haya en tu mente. Recuerda que «la derrota no es un fracaso hasta que lo aceptas como tal».*

Una mente dispuesta al desafío genera soluciones insólitas, productivas y excelentes, y ten en cuenta que **antes de plantar hay que remover**, lo que significa que no podremos aplicar nuevas ideas, posibles soluciones o respuestas sin antes estar dispuestos a remover de nuestra mente las ideas viejas y caducas. A las estructuras mentales obsoletas hay que quebrarlas, de lo contrario será difícil avanzar.

Puedes ser bueno y tener las mejores intenciones, pero si tienes el pensamiento equivocado, llegarás a resultados erró-

---

* Frase perteneciente a Napoleon Hill.

neos. Cicerón dijo: «No hay nadie que pueda darte un consejo
más sabio que tú mismo.»

> **Cuídate de ti mismo y de la doctrina.**
>
> **La Biblia**

Todos, en algún momento,
nos enfrentaremos a problemas
de diferente índole; el quid es cómo los resolveremos.

Deshacernos de las ideas incorrectas permitirá que lo
nuevo germine y crezca.

4. UNA MENTE DE ÉXITO ES GENERADORA DE SOLUCIONES Y RESULTADOS

Séneca decía: «La vida es muy peligrosa. No por las personas que hacen el mal, sino por las que se sientan a ver lo
que pasa.»

Mientras unos piensan cómo acortar el camino, los generadores de éxito saben que, si primero se comprometen
con lo más difícil, lo más fácil vendrá después. Es allí donde el potencial de cada uno será desafiado para animarnos a
correr ese riesgo y conquistar ese éxito que está dentro
nuestro.

El desafío es convertir un resultado negativo en un éxito
y transformar en real y cierto lo que no lo es.

El éxito requiere esfuerzo diario, trabajo constante y
una energía desafiante.

Leí la historia de una tenista que desde pequeña se había preparado para el torneo de
Wimbledon y que, cuando llegó el día, jugó y perdió.

Sus familiares la esperaban en
el vestuario pensando que ven-
dría llorando, angustiada, con

> **No hay atajos para llegar a cualquier lugar al que valga la pena ir.**
>
> **Beverly Sills**

ganas de abandonar todo aquello por lo que había lucha-
do tanto tiempo. Sin embargo, cuando entró en el vestuario
empezó a golpear las paredes y las puertas, diciendo: «No
veo la hora de que llegue el año próximo porque entonces sí
que voy a ganar. Ahora sé cuáles fueron mis errores y sé que
puedo mejorarlos y ganar el año que viene.»

Esta mujer puso su energía en lo que podía aprender de
un resultado negativo, y por eso pudo levantarse rápidamente. Lo crucial es desafiar todos los paradigmas y estructuras mentales que te impiden avanzar.

De esta forma, nos estamos haciendo cargo del fracaso,
pero también de su solución. Somos dueños de nuestro objetivo en la derrota y en el éxito.

Las ideas creativas, las ideas de oro, surgen en una mente que no conoce límites. Una mente libre de estructuras y
prejuicios crea con más claridad y eficiencia que una mente
atormentada por ideas de fracaso.

Nuestra mente genera en gran parte la realidad de lo que
somos. Si aprendemos a adueñarnos de ellas maximizare-
mos el tiempo y los resultados.

Una idea de oro puede convertirte en millonario, una
idea creativa puede transformar tu fracaso en éxito, en un
instante.

Una mente de éxito siempre ve una nueva posibilidad de
cómo alcanzar su objetivo, de cómo mover las piezas para
concretar su visión. Su posición es de búsqueda permanente
y no de permanecer a la espera de que las cosas pasen; **los
que poseen una mente de éxito hacen que las cosas sucedan.** Crean creando y, de esta forma, trabajan placentera-
mente y comprometidos.

Pensar positivamente nos ayuda a decidir mejor, claramente, y a resolver mucho más rápido cada posible inconveniente que pueda surgir.

Por eso, si eres de las personas que no se consideran creativas, sería bueno que explores todo lo que tu mente puede llegar a generar si estás dispuesto a no ser uno más del montón.

Una idea de oro puesta en marcha te llevará a lugares que hasta hoy nunca pisaste.

La innovación, la creatividad y la acción nos proporcionarán un canal de aprendizaje y de mejora continua.

Quiero darle a la creatividad un lugar de verdadera importancia, ya que las ideas y las oportunidades de oro dependerán del lugar que les demos.

Una vez, un ciego estaba sentado en un parque, con una gorra a sus pies y un cartel escrito con tiza blanca que rezaba: POR FAVOR, AYÚDEME, SOY CIEGO.

Un creativo de publicidad que pasaba por allí se detuvo y observó las pocas monedas que había en la gorra. Sin pedirle permiso tomó el cartel, lo volvió, cogió una tiza y escribió otro anuncio. Volvió a poner el cartel sobre los pies del ciego y se fue.

Por la tarde, el creativo volvió a pasar frente al ciego que pedía limosna. Ahora su gorra estaba llena de billetes y monedas.

El ciego, reconociendo sus pasos, le preguntó si había sido él quien había reescrito su cartel y, sobre todo, qué había escrito allí.

El publicista le contestó: «Nada que no sea tan cierto como tu anuncio, pero con otras palabras.» Sonrió y siguió su camino. El ciego nunca lo supo, pero su nuevo cartel decía: ESTAMOS EN PRIMAVERA, Y YO NO PUEDO VERLA.

5. DE LA CREATIVIDAD AL ÉXITO

Todas las personas podemos ser creativas, lo que sucede es que muy pocas se animan a descubrirse. Permitirnos crear y avanzar nos sumergirá en un encuentro con cientos de ideas, de nuevas preguntas y nuevas posibilidades.

Leonardo da Vinci decía que la curiosidad y la observación son las dos necesidades básicas de la creatividad; a lo que podemos agregar que ambas son necesarias para alcanzar el éxito.

La creatividad te permitirá ver las oportunidades y las posibilidades de éxito donde otros no pueden verlo.

El inventor de la cámara Polaroid dijo: «La creatividad es la suspensión repentina de la estupidez.»

«Crear» y **«creatividad»** son conceptos que deben empezar a aparecer en nuestro vocabulario.

Crear, según el diccionario, significa:

1. Producir algo de la nada.
2. Realizar algo partiendo de las propias capacidades. Establecer, fundar.
3. Instituir un nuevo empleo, puesto de trabajo, cargo, etc.
4. Producir una obra literaria o artística.
5. Idear, construir.
6. Imaginarse, formarse una imagen en la mente.

Creatividad, en cambio, es:

1. Facultad de crear.

Y sus sinónimos son *imaginación* e *inventiva*.

Existe todo un mundo interior propio que, por ser inconsciente, lo tenemos olvidado, pero el cual debemos investigar. El psicólogo Jung define al inconsciente como un sistema mucho más fértil y creativo que la conciencia.

Penetrar en él, reconocer su existencia y usar todo el bagaje de información del que está compuesto nos abrirá nuevas posibilidades de acción.

Todos los individuos pasamos por etapas o mesetas donde sentimos que no somos creativos, innovadores ni capaces de generar una sola idea productiva que nos saque de la zona de fracaso. Pero estos bloqueos o tiempos en blanco son pasajeros. Muchas ideas y oportunidades fructíferas surgen de momentos aparentemente estériles.

> **La creatividad es un asunto de constancia y no de euforias temporales.**
>
> Diego Parra Duque

Seguramente, cuando estés obsesionado por revertir ese error en éxito, atravieses por lagunas o tiempos muertos en que sientas que tu mente está en blanco y nada surge; pero ahora sabes que esas lagunas son normales. Sé consciente de ellas, pero no te acostumbres a ellas.

Determinar un horario y un espacio para crear es un aporte esencial para mejorar la capacidad creativa de cada persona.

Comienza a desarrollar y organizar tareas creativas en determinados horarios y lugares.

La creatividad dependerá de la habilidad de pensar y repensar ese fracaso en un hecho concreto y de resultado positivo.

Pensar desde otra perspectiva sobre el problema y en otro nivel de conciencia nos acercará a la solución y a la respuesta esperada.

En poco tiempo surgirán nuevas ideas y oportunidades para revertir esa circunstancia o ese resultado negativo.

Es por eso que el creativo J. Wallas señala que los procesos creativos mezclan fases conscientes con inconscientes, y divide a este proceso en cuatro estadios. En una primera etapa, surgen todas las ideas y sugerencias posibles para solucionar y revertir esa dificultad. En una segunda etapa, de incubación, todo ese bagaje de ideas es organizado mentalmente.

En un tercer momento, se discierne la solución que nos posibilitará revertir ese error o fracaso; la solución puede surgir de improviso o como resultado de un trabajo profundo y elaborado, para luego, en el último estadio, verificar la idea a aplicar para ser posteriormente aceptada y accionada.

La innovación y la creatividad te permitirán ver el fracaso como un hecho desafiante y de conquista, lo que al mismo tiempo te permitirá aprender a conocerte.

Las personas creativas disfrutan con lo que generan, son apasionadas y adquieren un compromiso con sus metas y objetivos. No saben ni de muros ni de barreras; llegan hasta el final. Relacionan fracaso con idea, ideas con acción, acción con compromiso y responsabilidad con resultado exitoso.

La posibilidad de transformar tu fracaso en resultado y logro está dentro de ti. Sé el primer interesado en intentar solucionar esa dificultad. Tienes capacidad para hacerlo. Lo que no usas se atrofia y se pierde.

> No te prohíbas el arte grandioso de crear y dar vida a tu sueño y a tu meta.

6. MENTES AVANZADAS

Teresa Amabile es una de las más importantes teóricas que estudiaron y analizaron la creatividad, definiendo a las personas creativas como personas con un alto nivel de motivación intrínseco.

Ella sostiene: «El extraordinario talento, la personalidad y las habilidades cognitivas no parecen suficientes; es el amor a lo que se hace lo que determina, finalmente, la creatividad de las personas.» Una mente creadora siempre estará produciendo ideas.

Todo está concentrado en tu mente. Las creencias tienen poder. De acuerdo con ella, una situación despertará temor, miedo y parálisis, o ánimo, fortaleza y coraje para desarrollar esa idea a nuestra disposición. Nuestra mente tiene el poder de dar vida o de matar una idea.

Roger von Oech estudió los límites que constriñen a la persona en el desarrollo del proceso creativo:

- Buscar únicamente una respuesta correcta.
- Tener demasiada fe en la lógica.
- Seguir siempre las reglas.
- Ser demasiado prácticos.
- Evitar la ambigüedad.
- Creer que errar es incorrecto.
- Pensar que jugar con un problema es algo inútil.
- Pensar que un asunto está fuera del propio campo de conocimiento.

Si pensamos que nos irá mal, así será. Y esa misma inseguridad que afecta nuestra mente es la que deteriora los resultados. Al quedar el fracaso registrado en la mente, nuestro avance queda limitado, nuestra estima es lastimada y, desde ese lugar, no podemos desafiar y replantear los objetivos a seguir.

Si, en cambio, pensamos de manera positiva recordando los logros anteriores, nos daremos cuenta de que fuimos los protagonistas de ese éxito, lo que nos permitirá mantenernos activos para superar cualquier eventual error o fracaso. Las personas creativas aprenden de los fracasos y tienen memoria, y evitan así cometer el mismo error dos veces. Saben capitalizar el aprendizaje, toman decisiones y revierten el error.

Crear cientos de nuevas ideas y formas posibles nos mantendrá en el campo de las oportunidades.

El único fracaso es permanecer inmutable en el tiempo; permanecer inerte es nacer y morir en el mismo momento.

Empresas líderes llenas de ego e infraestructuras perdieron posición en el mercado por estar envueltas en protocolo y soberbias encorsetadas. Por ejemplo, IBM y HP, que no supieron ver qué era lo que a empresas como Dell les funcionaba y a ellas no.

Henry Ford decía: «Las empresas que crecen por desarrollo y mejoras no mueren. Pero cuando una empresa deja de ser creativa, cuando considera que ha alcanzado la perfección y no necesita hacer otra cosa que producir, entonces está acabada.»

Westinghouse era líder en iluminación; sin embargo, una empresa mucho menor como Silvana conquistó el 20 % del mercado.

Una mente de fracaso:

- Espera de todo lo peor.
- Vive concentrada en el resultado.
- Recuerda permanentemente heridas y situaciones pasadas.
- No sabe gozarse y disfrutar.
- Es legalista y tradicional.
- Sus principios son rígidos.
- En todo ve imposibilidades e impedimentos.

- Es autosuficiente.
- No arriesga, no gana.

Una mente avanzada:

- De todo sabe esperar lo mejor.
- Se concentra en el aprendizaje.
- Es responsable de sus elecciones.
- Es creativa e innovadora.
- Es ilimitada y avanzada.
- En todo ve una nueva oportunidad.
- Sabe sacar provecho de las posibilidades.
- Tiene mentores.
- Asume el riesgo, el desafío y gana.

7. EN RESUMEN

Se cuenta que en una selva en África vivían tres leones muy fieros, jóvenes y de aspecto regio.

Un día, el mono, representante elegido por los animales, convocó a una reunión a todos los habitantes de la zona para plantearles una importante cuestión:

—Queridos amigos —dijo el mono ceremoniosamente—, todos sabemos que el león es el rey de los animales, pero hay una duda en nuestro territorio: actualmente tenemos tres leones, los tres son muy fuertes y jóvenes. ¿A cuál de ellos le debemos obediencia?; ¿cuál deberá sustituir al viejo rey muerto?

Los tres leones se enteraron de esta reunión y se dijeron:

—En verdad tienen razón los animales. ¿Seré yo el futuro rey?

Una selva no puede tener tres reyes. Los tres leones

no deseaban luchar entre sí, puesto que habían crecido juntos y eran amigos. ¿Cómo descubrir quién era el sucesor más adecuado?

Los animales se volvieron a reunir y, después de mucho deliberar, llegaron a una decisión que comunicaron a los tres leones:

—Hemos decidido que los tres tenéis que escalar la Montaña Difícil. El que llegue primero a la cima será reconocido como rey.

La Montaña Difícil era la más alta y complicada de escalar de toda la selva. El reto era realmente importante, pero los tres leones aceptaron el desafio, y todos los animales de la zona fueron a despedirlos en su aventura.

El primer león intentó escalar, pero no llegó muy lejos. El segundo empezó con muchas ganas, pero también fue derrotado por la montaña. El tercer león tampoco lo consiguió.

Los animales estaban impacientes y curiosos. Si los tres leones habían sido derrotados, ¿cómo elegirían a su rey? En ese momento un águila, grande en edad y en sabiduría, pidió la palabra en la asamblea:

—¡Yo sé quién debe ser nuestro rey! —afirmó.

—¿Cómo puedes estar tan segura? —preguntaron los demás.

—Es fácil —dijo el águila—. Yo estaba volando cerca de ellos cuando volvían derrotados de la escalada a la Montaña Difícil, y oí lo que cada uno de ellos le dijo a la montaña:

»El primer león dijo: "¡Montaña, me has vencido!"

»El segundo dijo: "¡Montaña, me has vencido!"

»El tercero dijo: "¡Montaña, me has vencido... por ahora! ¡Tú ya llegaste a tu tamaño final, pero yo aún estoy creciendo!"

»La diferencia —explicó el águila— es que el tercer león tuvo una actitud de vencedor y, aun en la derrota, no se rindió. Para quien piensa así, su persona es más grande que su problema: ¡él es el rey de sí mismo y está preparado para ser rey de los demás!

14

FRACASO + FRACASO + FRACASO = OPORTUNIDADES DE ORO

1. NO FRACASES ANTES DE EMPEZAR

Un fracaso solo será un producto final si decides no volver a empezar. No intentarlo y darte por vencido antes de comenzar, eso sí es fracaso.

En muchas ocasiones, el fracaso no es un resultado, sino un detenerse momentáneo para replantearnos los pasos a seguir. Un elemento indispensable si queremos llegar al resultado esperado.

Si ante el primer obstáculo piensas en abandonar la carrera, nunca entrarás en el proceso de aprendizaje.

Si piensas que vas a errar y fracasar, ciertamente «fracasarás» y «errarás» más de lo necesario; pero cuando calibres a tu favor tus pensamientos y tu forma de actuar, el fracaso no será tu lugar de permanencia. Aplicar el conocimiento y la sabiduría en cada situación errónea te hará ser un cazador de oportunidades diarias.

En el error y el fracaso siempre hay oportunidades escondidas y nuevas posibilidades de crecimiento, si estamos dispuestos a sacar provecho de cada situación.

La fidelidad hacia tu objetivo, y no hacia un resultado y una emoción, permitirá que no mueras en el intento, sino que te desafíes a ir siempre a por más; «cuando muere tu orgullo, empieza a nacer tu éxito».

Desafiar esta creencia e incorporarla a tu estructura de pensamiento determinará que el fracaso no te detenga, sino que te acerque al resultado.

Los autores Victor y Mildred Goertzel se dedicaron a estudiar trescientas personalidades que hoy vemos como triunfadoras, pero que anteriormente tuvieron que atravesar situaciones dificultosas. Todos ellos figuran en el libro *Cunas de la eminencia*.

Lo que descubrieron es que las grandes personalidades, todas ellas, debieron atravesar sucesos desfavorables, familias conflictivas, padres con trastornos psicológicos y problemas físicos para alcanzar el éxito personal.

Para estos hombres y mujeres, el fracaso no fue un impedimento para llegar a la meta, sino un desafío. Entendieron correctamente la definición del fracaso y lo asumieron como tal; ni sintieron lástima de sí mismos ni vivieron excusándose por sus errores.

Los asumieron y los transformaron.

Uno de estos personajes fue Eleanor Roosevelt, conocida por haber sido primera dama de Estados Unidos.

Esta mujer fue huérfana a los diez años; su niñez no fue la que pensamos que pudo haber tenido una primera dama.

Tampoco fue agraciada físicamente y su personalidad era la de una niña introvertida, solitaria e insegura; además, según ella misma, tenía falta de carácter y de capacidad. Pero, como es bien sabido, Eleanor superó todos sus obstáculos emocionales y físicos, revirtió su condición y se convirtió en una figura notablemente conocida en todo el mundo.

Su interior, su potencial, su actitud, su energía y su disposición a no conformarse con la mediocridad y los obstáculos la impulsaron a revertir su herencia recibida.

Este estudio afirma que ninguna de las personalidades que alcanzaron el éxito lo habrían logrado si antes no se hubieran encontrado con fracasos, inseguridades y tropiezos.

Todos, en algún momento, nos enfrentaremos a determinados problemas. Nadie está exento de encontrarse con dificultades. Si estás vivo, vas a tener problemas.

El quid dependerá de cómo los afrontes y desafíes. Según procedas, será un fracaso o un problema resuelto.

Puedes decidir que lo que te sucede tiene solución o, en cambio, que es lo peor que te pudo pasar; puedes vivir permanentemente en el problema o, en cambio, elegir encontrarle una salida y encararlo como una leve y momentánea dificultad.

Puedes pensar que cierto problema te derribará o te fortalecerá. Puedes hacer la vista gorda y pensar que no existe, esconderlo bajo la alfombra y huir de él. Como ves, dependerá de cómo decidas resolverlo.

El fracaso siempre va a estar desafiándote a alturas y posiciones que nunca imaginaste.

Al presidente J. F. Kennedy le preguntaron durante una entrevista cómo se había convertido en un héroe de guerra y dijo: **«Fue muy fácil. ¡Alguien hundió mi barco! Existen riesgos y costes que afrontar cuando se actúa, pero muchos menos que los riesgos y las pérdidas que se sufren por no hacer nada.»**

Jack Foster, autor del libro *Ideación y cómo generar ideas*, relata los requisitos que se tuvieron en cuenta en el proceso de selección de astronautas de la NASA, información que obtuvo durante una conversación privada.

Le contaron que, cuando se dispusieron a buscar a los posibles candidatos para la misión lunar del Apolo 11, primero seleccionaron basándose en calificaciones académicas; pero, en una etapa posterior, eliminaron a todos los aspirantes que habían sido incapaces de recuperarse de un fracaso importante acontecido en algún momento de su carrera.

Lo que pretendían con este requisito era buscar personas capaces de sobreponerse a una situación límite; aquellos cuya fortaleza y espíritu no les permitiera rendirse.

En dicha misión no podían participar aquellos que temían los retos y los desafíos.

> No temas que tu vida vaya a llegar a su fin, sino que nunca vaya a tener un comienzo.
>
> J. H. Newman

Evitar los errores y escapar de ellos determina que nos rindamos antes de empezar.

Lo que te hará salir del fracaso es la decisión puesta en acción de no permanecer en él.

2. LO QUE ESCONDE EL FRACASO: «OPORTUNIDADES DE ORO»

Las personas seguras de sus habilidades y talentos no temen los grandes problemas. Las circunstancias difíciles hacen que desarrollen su potencial con mayor fuerza y energía que en una situación normal.

Las dificultades y los fracasos motivan a los grandes a superarse y a usar todo el potencial que albergaban dormido, pero que, en tiempos de crisis, despierta y deslumbra.

Cuando Thomas Edison estaba trabajando en su laboratorio, en una ocasión le cortaron el gas porque no había podido pagar la factura. En medio de sus trabajos, decidió encontrar una fórmula que le permitiera competir con esa empresa y reemplazar el uso del gas por electricidad.

Así es como comenzó su investigación, por lo que fundó y creó General Electric Company, que luego fue General Electric. ¿Te hubieras imaginado que Edison no podía pagar su factura de gas? ¿Y que a partir de un corte de suministro creó una empresa?

Su supuesto fracaso económico no lo detuvo, todo lo contrario, lo impulsó a nuevos niveles de conquista.

Cada dificultad puede convertirse en una oportunidad de oro.

Este hombre erró el blanco en sus experimentaciones cientos de veces; sin embargo, ninguno de esos errores lo paralizó. En una ocasión, le preguntaron cómo podía seguir pensando en idear una lamparita tras haber fracasado miles de veces, a lo que él contestó: «Yo no fracasé, sino que triunfé al encontrar miles de formas en las que la lamparita no funcionaba.»

> Cada error es un nuevo aprendizaje de cómo no volver a actuar en el futuro.

Eso es darle la vuelta a las circunstancias negativas de la vida.

En el momento en que puedas distanciarte del problema o del supuesto fracaso, encontrarás diferentes posibilidades de solución que las emociones lastimadas y la cercanía al error no te permitían encontrar.

Otro caso conocido es el descubrimiento de Alexander Fleming. Mientras experimentaba con unos cultivos en una sala del Saint Mary's Hospital de Londres, su ventana quedó abierta. Los cultivos se le llenaron de moho, por lo que decidió estudiar ese verdín que los recubría.

El incidente no lo desanimó, ni decidió abandonar sus

experimentos, sino que se dispuso a analizar lo que, supuestamente, había arruinado sus muestras.

Y así fue como esos nuevos resultados lo llevaron al descubrimiento de la penicilina.

Lo que pudo haber sido una queja para este hombre, él lo usó y lo transformó en un descubrimiento que revolucionó la historia de la medicina.

Los obstáculos, los fracasos y las crisis se superan actuando

Una circunstancia adversa te puede convertir en una víctima o en un triunfador.

- Beethoven escribió sus obras más importantes después de volverse sordo.
- Daniel Defoe escribió *Robinson Crusoe* estando preso.
- Abraham Lincoln destacó como un gran líder conduciendo a su país durante la guerra civil.

Bruce Springsteen dice: «Llega un momento en la vida en que necesitas dejar de esperar por el hombre en que te quieres convertir y comenzar a ser el hombre que quieres ser.» Lo primordial es centrarse en lo importante y no perder de vista el objetivo, no importa los obstáculos que se presenten. Porque de acuerdo a cómo pienses sobre ti mismo, así será el tamaño que le otorgues a tu problema.

John Galsworthy escribió que el idealismo aumenta en proporción directa a la distancia en que uno esté del problema.

El miedo al error nos paraliza, nos anula y nos esclaviza a una derrota que no pertenece a nuestra esencia.

El miedo al error nos hace vivir en un mundo de fantasía en el cual las acciones nunca llegan a hacerse efectivas. Vivir pensando en que podemos fracasar nos hace vivir errando la meta y perder de vista que de los grandes inconvenientes o dificultades surgieron los grandes hombres, pensadores, científicos, escritores, líderes y políticos.

Ellos saben que su posición en la carrera hacia la meta es de titular, por eso son capaces de transformar una posible derrota en una increíble victoria. No le echan la culpa de su fracaso ni a su entorno, ni al gobierno ni a la realidad social.

> El noventa por ciento de los que fracasan no han sido derrotados en realidad. Ellos sencillamente renuncian.
>
> Paul Meyer

Saben que la respuesta está dentro de ellos, y que sus graneros solo se llenarán si ellos mismos se ocupan de hacerlo.

3. LOS QUE GENERAN NUEVAS OPORTUNIDADES SE SUMAN AL CAMBIO

El profesor F. M. Cornford de la Universidad de Cambridge dice: «Nada se hace hasta que todos están convencidos de que debería hacerse, pero permanecen convencidos tanto tiempo que ahora es el momento de hacer otra cosa.»

Para salir del fracaso no tengas miedo de cambiar. Día a día debemos transformarnos.

Si tienes los mismos sueños que cinco años atrás, si tus logros son los mismos, si estás peleando con el mismo tema desde hace años, si tus relaciones interpersonales son las mismas de hace diez años atrás, algo estás haciendo mal.

La empresa número uno de neumáticos Firestone no supo evaluar constantemente el desenvolvimiento de su empresa e incorporar los cambios que el mercado pedía. Esto trajo como resultado que, en determinado momento, trabajase al 50 % de lo que producía, cuando había sido una empresa líder y a la vanguardia de su sector.

Su resistencia al cambio determinó que su producción se perdiera y pasara de ser una empresa líder a ser absorbida por otra empresa del sector, Bridgestone, que sí sabía y entendía lo que el mercado pretendía y necesitaba en aquellos momentos.

El cambio es el elemento fundamental del cual debemos participar para convertir cualquier fracaso en éxito. Vivimos en un permanente cambio y debemos adaptarnos a él para mejorar; esto es un requisito esencial para salir del circuito del fracaso.

Todos somos agentes generadores de cambio, de reingeniería, si estamos dispuestos a cambiar y volver a nacer.

> **Si el ritmo del cambio dentro de una organización es menor que el de afuera... su fin está próximo.**
>
> **Jack Welch,**
> **de General Electric**

El caso más notable de lo que se puede lograr cuando uno está dispuesto a superar la crisis y a no fracasar es el de IBM.

En 1993 esta empresa cayó terriblemente y sus acciones, que cotizaban en la Bolsa en forma extraordinaria, eran ofrecidas por nada.

Sufrieron pérdidas accionarias de más de dieciséis mil millones de dólares. Un fracaso total.

Pero sus líderes y directivos no aceptaron esta derrota. Aprendieron del error y recuperaron la empresa. Investigaron y se lanzaron al mercado, no solo vendiendo computadoras en esta nueva estrategia, sino también tecnología y servicios, para los que estaban totalmente capacitados.

Hoy IBM es una empresa buscada para asesoramiento y

operación en servicios de red. Supieron operar bajo el cambio y la flexibilidad y, finalmente, ganaron la partida.

Piensa por un momento en una situación o una conducta que te genera día tras día resultados negativos. Identificando la respuesta, ¿podrías aplicar el cambio y la reingeniería en ellas?; ¿te preocupa el cambio, lo que los demás puedan decir?; ¿te animas a romper las costumbres y las viejas normas de funcionamiento?

Las creencias erróneas que los individuos adoptan como suyas para no generar el cambio que necesitan son variadas y muchas están arraigadas en sus mentes, como por ejemplo:

- Estos objetivos no son reales.
- No hay probabilidad de revertir la situación.
- Mejor es esperar a que cambien las condiciones.

Cuando durante años permanecemos haciendo lo mismo, este sistema de pensamiento y de acción con el tiempo se transforma en doctrina y, finalmente, nos termina encerrando y limitando en estructuras que impiden avanzar.

Las doctrinas limitan la expansión de la visión y su alcance y, al mismo tiempo, frenan nuestra evolución constante.

La institucionalización de las ideas y de los procesos mata los cambios antes de comenzar. Por eso, Charles Darwin decía: «No es la especie más fuerte ni la más inteligente la que sobrevive, sino la que mejor se adapta al cambio.»

Cambiar, avanzar y conquistar. Significa que estás vivo. Los cambios cuestan, ¡claro que sí, pero valen la pena! Walt Emerson dijo: «Lo que queda detrás de nosotros y lo que queda de-

> **Cuando quieres algo que nunca has tenido, deberás hacer algo que nunca has hecho.**
>
> **J. Maxwell**

lante de nosotros son asuntos pequeñísimos comparados con lo que queda dentro de nosotros.»

4. EN RESUMEN

Los campeones no se hacen campeones en el cuadrilátero; allí solo obtienen el reconocimiento.

No es la crítica lo que cuenta, ni lo es quien señala cómo el fuerte se tambalea y dónde el que pega más duro pudo hacerlo mejor. El crédito corresponde al hombre que está en la arena, cuya cara está estropeada por el polvo, el sudor y la sangre; quien batalla valientemente; quien comete errores y fracasa muchas veces; quien conoce los grandes entusiasmos, las grandes devociones y se desgasta en una causa digna; quien, en el mejor de los casos, conoce al final el triunfo de una gran conquista; y quien, en el peor de los casos, si fracasa, al menos fracasa habiendo hecho su mejor esfuerzo, de modo que su lugar nunca estará con las almas frías y tímidas que no saben de victorias ni de derrotas.[*]

THEODORE ROOSEVELT

[*] MAXWELL, John, op. cit., pág. 17.

15

TRANSFORMAR EL CAMBIO EN UN AGENTE DE ÉXITO

1. EL CAMBIO, UN FACTOR DECISIVO EN EL RESULTADO FINAL

En estos últimos tiempos, las personas manifiestan sentirse perseguidas por el cambio. Hoy nace un modelo de zapatillas, de Internet, de *software*, y mañana ya son viejos; son cambios tan veloces que, por momentos, ni siquiera los percibimos o notamos. Por cierto, en esta secuencia de movimientos constantes surgirán decisiones erróneas que deberán ser replanteadas. Lo importante es que, a partir de ese cambio, se generen nuevas propuestas y se les otorgue al fracaso o al error un nuevo lugar de probabilidades y oportunidades.

¿Tú temes a los cambios?; ¿estás dispuesto a innovar?

En primer lugar, comienza por identificar aquello que no haya generado los resultados esperados, y luego toma la iniciativa del cambio. Evalúa las herramientas de las que dispones y no dependas de las propuestas que te hagan, sino de las que tú mismo seas capaz de crear.

Animarnos a desafiar los imposibles y los impedimentos nos posibilitará transformar todos los «no» en resultados y acciones concretas.

«Cambiar» es darle lugar a lo nuevo, a nuevos conceptos, a nuevos campos de acción. El cambio es necesario e imprescindible. Heráclito decía: «Lo único permanente es el cambio.» Como nunca antes, hoy nos enfrentamos a cambios continuos y hechos que mutan a la velocidad de la luz.

Cuando se pensaba que todo en la televisión estaba inventado con respecto a las noticias y se había establecido que debían darse a conocer cada hora durante cinco minutos, surge Ted Turner, rompe las reglas y funda CNN irrumpiendo en el mercado televisivo, emitiendo noticias ininterrumpidamente las veinticuatro horas. Siempre se puede cuestionar, desafiar lo obvio, lo tradicional, para dar lugar a mayores beneficios de los que hasta el momento estabas obteniendo.

H&M es una tienda de ropa de vanguardia que supera a Gap en más de un millón de dólares al año. En todo el mundo venden más de un millón de prendas diariamente y, en poco tiempo, se han establecido en más de seiscientas localidades. Permanentemente desafían todo aquello que es convencional en su actividad. H&M supera a Gap manteniéndose por debajo del radar y saliendo al mercado antes que nadie.*

Pero todo cambio que no cambie la mente no es cambio. Todo cambio comienza con un cambio de mentalidad, ¡el cambio es poderoso! El cambio trae consigo elementos nuevos, oportunidades nuevas, conexiones de oro. Recuerda que nada se resuelve solo; con el deseo no basta.

* JENNINGS, J., y L. HAUGHTON, op. cit., pág. 16.

Al fracaso se lo revierte con decisión. En la acción, la postergación no tiene lugar.

> O eres de acción o eres de teoría.

Detenernos en el tiempo es sinónimo de limitar la concreción de los objetivos planteados. Las frases erróneas tales como «cuando tenga trabajo, cuando me case, cuando me aumenten el sueldo, cuando, cuando...» son conceptos que frustran y detienen la concreción de los objetivos y las metas propuestas.

Lo que hace esta dilación es que, en el momento de efectivizar el cambio, ya no existan los objetivos por cambiar. Lo prioritario es deshacerte del vicio de la postergación.

> Vive hoy; tu hoy es lo único que tienes.

¡Innova! Busca dentro de ti una razón para el cambio, este forma parte del proceso y de la búsqueda del resultado.

Hotmail es una rápida historia de inmigrantes que pasan de la nada a la riqueza. Una buena idea que se transformó en veinte millones de clientes y en un precio de venta de cuatrocientos millones de dólares en un período de veintidós meses. Su fundador, Sabeer Bhatia, supo moverse con rapidez y ser un adelantado en lo que a innovación se refiere.*

> Si no logras salir rápido del fracaso, corres el riesgo de que te alcance.

Lo importante no es lo que pasa fuera de ti; recuerda que si las circunstancias y el afuera no cambian, debes cambiar tú.

Cambiar es crear nuevas oportunidades que nos conduzcan al resultado esperado; de lo contrario, no será cambio.

---

* Ibídem.

2. ASIMILA, ACOMÓDATE Y CAMBIA

Para transformar cualquier fracaso o adversidad, necesitarás enfrentarte al agente del cambio, a cambios profundos e intensivos, no superfluos. Ante el cambio, muchas personas solo actúan y alteran formas para, finalmente, no terminar transformando nada y, menos aún, alterar la realidad existente. El verdadero cambio se sucede a partir de que la raíz del fracaso o el error muta radicalmente.

Para que el cambio sea operativo, lo primero que debe mutar es tu estructura mental y tus pautas de funcionamiento, de modo que debes transformar la mentalidad de víctima y de fracaso en permanentes situaciones de aprendizaje. Dice M. Murdock: «No dejes que tus errores del pasado se hagan monumentos, crémalos.» A los errores hay que cremarlos y no embalsamarlos. En ese movimiento continuo, el cambio despertará todo ese potencial que estaba dormido y que, hasta ese momento, no operó como «factor decisivo de cambio».

> El caos solo favorece a las mentes preparadas.
>
> Louis Pasteur

Tu potencial te traerá grandes beneficios, entonces ¿por qué guardarlo y no ponerlo al servicio de tu sueño?

Mark Albion, el creador de empresarios con conciencia social, expresa: «Si ganas la carrera de ratas, es que eres rata.» En una ocasión, un periodista de la CNN le preguntó por qué había decidido dejar su trabajo, y él respondió: «Hay un momento en la vida en que te debe importar muy poco si te entienden o no, basta con que te entiendas tú. Yo había visto a mi madre, que era empresaria, enferma de cáncer, pero que cada día iba a su trabajo porque lo amaba y amaba a la gente que trabajaba con ella. Y me pregunté: ¿siento lo mismo por mi trabajo? Así que di el gran paso y dejé de ser el profesor Mark Albion de la Harvard Business School y me convertí en Mark Albion simplemente.»

Scott Fitzgerald decía que hacen falta tres generaciones para conseguir un artista. La primera es feliz con alimentarse y llevar al colegio a sus hijos, la segunda quiere un buen colegio y buena comida, y la tercera reflexiona sobre lo que hace.*

Durante el tiempo que dure el proceso de transformar el fracaso o el error en una situación de éxito, será necesario que internalices estos dos conceptos: asimilación y acomodación.

En el proceso de asimilación, ninguna conducta, aunque sea nueva para el individuo, constituye un comienzo absoluto. Siempre se integra a esquemas anteriores y, en este caso, el vínculo posee continuidad. Los seres humanos nos encontramos diariamente frente a interrogantes que debemos incorporar a la realidad existente. Mientras tanto, en el proceso de acomodación el individuo puede modificar, dentro del esquema asimilador o de esta nueva estructura, nuevas conductas para operar el cambio** y vivir así en un permanente sistema de asimilación y acomodación.

A partir de allí, esta nueva realidad formará parte de nuestra nueva estructura de pensamiento y, con ella, lograremos el equilibrio capaz de generar nuevas conductas hacia el logro y el beneficio de nuestros emprendimientos. Genera el cambio que necesitas. Aceptar el fracaso es parte del desafío. **Lo asimilamos, lo acomodamos y lo transformamos en aprendizaje.**

* AMIGUET, Luis, *Cuénteme cómo lo hizo*, Ediciones Deusto, Barcelona, 2005, pág. 19.
** Revista *Mutantia*, «Memoria viva de Piaget», Ed. del Psiconauta, Buenos Aires, 1981.

Si nos acostumbramos a permanecer en la zona de confort, ningún cambio de resultado será posible, nos convertiremos en personas conformistas y costumbristas.

Piensa y registra todas las acciones y los movimientos que realizas cada día cuando llegas a tu casa después de un día laboral.

Tal vez llegas, te descalzas, te pones cómodo y tomas el mando a distancia del televisor hasta la hora de cenar; y así pasan los días de tu vida. El confort y la rutina diaria lentamente nos introducen en un sistema de letargo, el cual nos hace perder de vista todo lo que está por delante. Sin embargo, permanecemos allí, porque este sistema de vida es fácil de recorrer, cómodo, pero difícil de abandonar. Desde ese lugar, el pensamiento rutinario habla a tu mente y a tus emociones: ¿para qué cambiar si así como estoy está todo bien? Roger von Oech formuló el principio de discontinuidad, el cual establece que «cuando estamos demasiado acostumbrados a algo, nos es imposible verlo de forma diferente».

Puede ser que estés convencido de estar bien; pero permanecer en esa posición te limita y te hace perder de vista las posibilidades de generar nuevas acciones y pautas de funcionamiento que te hagan sentir mejor.

Sucede que, cada vez que una persona limita el cambio, se paraliza y anula todo lo que está por delante; por lo que cuanto más rápido podamos adaptarnos al cambio, mayores serán los resultados obtenidos. Comienza por desterrar ese sistema de creencias que no te sirve para avanzar («Siempre lo hice así») y piensa: «¿De qué otra forma puedo hacerlo?, ¿en qué otras opciones puedo invertir?»

Todo lo que vivimos cambia y se transforma, pero el permanecer aislados de lo que a diario sucede nos roba el objetivo y los resultados.

El chef Peter Brown comenzó abriendo su propio restaurante con muchas dificultades. Su fuerte era invitar a posibles clientes adinerados a degustar sus platos, pero sus invitaciones no eran atendidas.

Sin embargo, decidió no fracasar, sino todo lo contrario. Se detuvo a observar qué era lo que no funcionaba, no para castigarse y llenarse de culpa por su error, sino para cambiar y virar la situación lo máximo posible.

Así pues, no invitó más a sus clientes a almorzar, ya que toda la competencia usaba los mismos métodos. Decidió organizar almuerzos especiales y llevarlos al lugar de trabajo de las personas que a él le interesaban. ¡Quién se iba a resistir a probar un plato delicioso sin coste alguno en su mismo lugar de trabajo!

Su nueva táctica le reportó resultados extraordinarios. Captó la clientela que él esperaba y su restaurante comenzó con logros y beneficios.

Solo hubo que darle una vuelta de tuerca al proyecto, y resultó. Otórgale al fracaso el beneficio de la duda, una nueva mirada, y seguramente surgirán nuevas y mejores posibilidades.

Hay un tiempo, un *cronos* en el cual puedes canalizar ese mismo potencial de miedo y duda hacia la acción, si decides centrarte en lo esencial y eliminar y desechar el resto. Ten un sueño más grande que tu comodidad.

Todo cambio implica modificaciones, miedos, inseguridades, vacilaciones, pero también grandes dosis de entusiasmo y resultados. El cambio les otorga al fracaso y al error la posibilidad de ser revertidos y transformados en éxitos y metas alcanzadas. Desde esta nueva perspectiva, te moverás dentro de cambios vanguardistas y de un continuo crecimiento.

3. PRIMERO CAMBIA TÚ

Todo cambio, en determinado momento, nos produce miedo, perturbación, dudas, intranquilidad; pero, a medida que vamos ejecutándolo, las nuevas formas y los nuevos resultados se encargarán de acomodar cada emoción en su lugar.

Bajo el cambio operan nuevas pautas de reflexión, creatividad y habilidad encargadas de que esas viejas informaciones e ineficaces hábitos se transformen en actitudes y hechos positivos y beneficiosos.

Es indispensable detenernos a vaciar la papelera, para dar lugar a lo nuevo y lo innovador, volvernos a llenar y, desde allí, reevaluar lo que fracasó. Así podrás ver el vaso medio lleno en vez de medio vacío. La leyenda de Kof dice: «Cuanto antes se olvida el queso viejo, más pronto se encuentra en nuevo queso.» Frente al fracaso tienes dos alternativas: o lo desafías y lo vences, o él te derrota y te mata.

> Todo lo que «conocemos» es un obstáculo mayor que lo que no conocemos.
>
> **Javier Cruz**

El cambio se pone en marcha a partir del momento en que uno mismo es el que cambia. No depender de nada ni de nadie nos afirma en cada decisión personal y nos da el paso libre para que dependamos solo del compromiso y la responsabilidad que asumamos con nosotros mismos y con el sueño que tenemos por delante.

A cada momento necesitas afirmarte, valorar y confiar en lo que eres capaz de producir. Es decir: **elección, determinación, acción y consecuencia.**

Siempre estás a tiempo de detenerte, reordenar y provocar aquello que necesitas que suceda. Lo que acontezca estará directamente relacionado con lo que elijas, decidas y lleves adelante.

Cuanto más posterguemos poner en marcha los cambios indispensables para salir del fracaso, más rígido se volverá nuestro sistema de pensamiento.

Los nuevos enfoques y las nuevas oportunidades quedan anulados cuando las personas se resisten al cambio.

Desde que nacemos, nuestra estructura mental comienza a alimentarse de todo lo que escuchamos, percibimos y asimilamos; lo importante es que esos datos incorporados hayan sido sanos y hayan dado lugar a una mentalidad correcta.

> **No podemos evitar el viento, pero podemos construir molinos.**
>
> **Refrán holandés**

Ferran Salmurri afirma: «Desde pequeñito, me enseñaron a lavarme los dientes cada noche, pero nadie me explicó que la higiene mental es aún más necesaria que la dental.» La atención siempre se inclinará hacia nuestra manera de pensar; por ejemplo, si tengo mentalidad de incompetencia, la atención estará dirigida a visualizar los errores propios y los ajenos, ya que lo que más vemos indica la manera en que estamos pensando.

Nuestra memoria también funciona de igual manera. Si el esquema incorporado es de incapacidad, los recuerdos más fuertes almacenados en ella serán las veces que te hayas equivocado o fracasado. La memoria selecciona aquellos recuerdos que coinciden con su esquema de pensamiento. Es por eso que a muchas personas les resulta tan difícil cambiar la manera de pensar y de verse a sí mismas.

> **Pensar bien o mal requiere el mismo esfuerzo, no lo olvides.**

Nuestra mente debe ser alimentada permanentemente con palabras de aliento, de superación y de mejora para que la vieja mentalidad quede desechada y deje de influenciar y dirigir nuestras acciones.

Cuantos más sean los años de malos pensamientos, más arraigado y enquistado quedará el fracaso dentro de uno.

Cuanto más tiempo uno piensa como piensa, más se enamora de lo que piensa.

Es mucho más fácil ocultar el sistema de pensamiento erróneo que reconocerlo, asumirlo y cambiarlo. La energía y la fuerza en la que te concentras para demostrar a los demás lo que no eres denota que estás operando bajo el pensamiento opuesto al que tratas de demostrar. Un directivo de la empresa Oracle, con referencia a su jefe Larry Ellison, dijo: «La diferencia entre Dios y Larry es que Dios no se cree que es Larry.»[*]

Aceptar el error, reconocer que todo puede ser revertido y modificado, dependerá de la decisión interna de cada individuo. Desde ese lugar, nuestra mente será reconocida por las consecuencias de dos pensamientos correctos y positivos.

1. **El éxito estará en tu mente antes de haberse convertido en un hecho tangible y real.** El éxito no es la bendición, ni el logro, ni la recompensa; el éxito es el efecto de poseer una mente bendecida; «mente sana —pensamientos sanos— resultados positivos». En la infancia, son los chicos los que dan vida a los objetos; por ejemplo, un palo puede ser un cohete espacial y en media hora una pelota; pero de mayores pensamos que los objetos son los que nos dan vida y nos definen; sin embargo, **esto es falso**. Regresemos al primer concepto. Es nuestra estructura mental e interior la que nos da éxito o fracaso, no la posesión ni la posición.

[*] JENNINGS, J., y L. HAUGHTON, op. cit., pág 212.

2. Estarás en condición de transformar toda situación negativa en favorable. Alguien dijo: «Si te dijeron "no" por un camino, vete hacia donde no hay camino y deja una huella.» Kiyosaki, autor de *Padre rico, padre pobre*, se enfrentó al hecho de que cuando editó su primer libro, nadie lo

> **Nada ha cambiado, solo yo he cambiado. Por lo tanto, todo ha cambiado.**
>
> **Proverbio hindú**

compraba; pero decidió ponerlo en el lavacoches, y mientras las personas lavaban sus vehículos vendía sus libros. Un día llevó a lavar su automóvil el dueño de una las editoriales más importantes de Estados Unidos y le aseguró que se harían millonarios con ese libro. Y así fue. Lo que hayas vivido te servirá para crecer, mejorar y aprender. La gente siempre muestra los éxitos; pero no son los éxitos los que te habilitan para una tarea grande, sino lo que hiciste en la frustración y en las crisis. Los problemas empeoran con los reiterados intentos de las personas de solucionarlos. En realidad, hay que enfrentarse al problema y decirse: «Si yo quisiera empeorarlo, ¿qué haría? Después será mucho más fácil descubrir cómo solucionarlo.»*

Talento, administración y autoridad están totalmente relacionados con madurez, eficacia y adaptabilidad al cambio. Te corresponde a ti generar los cambios necesarios para transformar todo lo que necesitas en resultados extraordinarios. Fuiste diseñado para lograr siempre un poco más de lo que has alcanzado.

El cambio agrega valor a tu vida, a tu manera de pensar y trabajar. En una entrevista le preguntaron a D. L. Moody qué persona le había traído más inconvenientes y dolores de cabeza, y él respondió: «Más que cualquier otro ser vivo,

* Ibídem.

ha sido D. L. Moody.» Cuando estás cometiendo el mismo error, cuando tu sueño es el mismo de hace cinco años atrás, cuando tus problemas siguen siendo los mismos que hace un año, hay una solución. Cambia tú. Modifica la estructura y la forma en que venías haciendo las cosas. Date permiso para nuevas alternativas.

> **Hay tres cosas extremadamente duras: el acero, el diamante y uno mismo.**
>
> **Benjamin Franklin**

En cierta ocasión leí que en 1900, en el transcurso de una reunión evangélica metodista, la persona que la presidía dijo: «Estoy seguro de que un día el hombre volará.» Inmediatamente, y muy enojado, un pastor llamado Raith replicó: «Eso que ha dicho el hermano que me precedió es una estupidez. Si Dios hubiese querido que el hombre volara, le habría dotado con alas. Nada de volar, Dios nos quiere aquí caminando.» Y dos de sus hijos fueron los que inventaron la aviación.

No seas tu propio estorbo, no te conviertas en tu propio fracaso.

Cuando Newton recibió el golpe de una manzana en la cabeza, le surgió en ese instante el mensaje que le permitió formular la ley de la gravedad.

> **Hay gente que siempre se está preparando para vivir pero nunca vive.**
>
> **Emerson**

Aprendamos a investigar, a buscar más formas posibles de cambiar nuestro fracaso en resultado. Seguramente, existan muchas más alternativas que unas pocas.

No abandones el problema. Pronto descubrirás nuevas posibles formas de solución.

Mientras Alexander Graham Bell descubría que en el oído humano unos huesitos son los encargados de mover una membrana para transmitir el sonido, halló que una membrana metálica también puede transmitir el sonido, y así es como creó el teléfono.

Ahora determina lo que puedes llegar a crear en tus momentos de bloqueo o de fracaso.

El fracaso y el éxito se ganan primero dentro de uno mismo.

4. EN RESUMEN

Un ateo estaba pasando un día tranquilo pescando cuando su bote fue atacado por el monstruo del lago Ness.

Con una fácil sacudida, la bestia los arrojó a él y su bote por los aires. Mientras el hombre caía empezó a gritar:

—¡Dios mío! ¡Sálvame!

De inmediato la escena del feroz ataque quedó paralizada y, estando el ateo suspendido en el aire, una voz estruendosa bajó de las nubes diciendo:

—¡Pensé que tú no creías en mí!

—Vamos, Dios, ¡dame una oportunidad! —imploró el hombre—. ¡Yo tampoco creía en el monstruo del lago Ness!

CUARTA PARTE

16

MENTORES DE ÉXITOS

1. DIME CON QUIÉN ANDAS Y TE DIRÉ QUIÉN ERES

¿Quién está delante de ti en la carrera, en la búsqueda de tu sueño? ¿A quién estás escuchando, a qué voz estás reaccionando?

Es habitual que las personas, con el tiempo, nos parezcamos a aquellas con las que pasamos mayor tiempo. Si la mayor parte de nuestro tiempo estamos rodeados de personas que lo único que hacen es hablar de fracasos, de desastres y frustraciones, en poco tiempo estaremos hablando como ellos.

Comienza a pensar con mente de logro y no te detengas en los detalles. La vida es como agua que cae en la mano: cuando quieres beber de ella, ya se escurrió.

> De acuerdo con lo que escuches, será tu forma de actuar.

Por eso es importante darte cuenta a quién estás escuchando y discernir cuáles son los modelos que te inspiran a más o te derrotan antes de comenzar. Ten en cuenta que hay dos cosas que te harán más sabio: los libros que leas y la gente que conozcas.»*

La información de la que disponemos actualmente en el mundo se duplicó con respecto a cinco años atrás y sigue creciendo aún más rápidamente.

- Jim Rohn dice: «Si lee un libro al mes sobre su industria, en diez años habrá leído ciento veinte libros. Eso lo pondrá en la cima de su campo. ¡Todos los libros que no haya leído no le serán útiles!»
- Theodore Roosevelt expresó: «El ingrediente más importante en la fórmula para tener éxito es saber cómo llevarse bien con la gente.» Somos como nos vemos y de acuerdo a ello será lo que atraeremos. No hay mejor ayuda que pasar más tiempo con la gente correcta. Las buenas decisiones y los mejores resultados se logran cuando estás en el lugar correcto, en el tiempo correcto y con las personas correctas.

Muchos se han encontrado en situaciones difíciles y conflictivas por haber elegido incorrectamente a sus compañeros, a sus líderes, a sus mentores; eligieron equivocadamente. Hay personas que te estimulan y animan, mientras que otras te derriban y desmoralizan. Lo importante es saber discernir y depurar todo aquello que llega a nuestra mente y que desestabiliza las emociones. La fe, el ánimo y el coraje vienen por el oír y oír palabras de aliento, de convicción y estima.

Entonces es donde necesitas escuchar la voz del mentor.

El mentor y el líder más grande de todos los tiempos fue Jesús. Él, como ningún otro líder de la historia, supo hablar,

* Frase perteneciente a Charles Jones.

guiar, enseñar, confrontar, estimular y animar a todos aquellos que estaban dispuestos a obtener el «sí» en todas las áreas de su vida. Enseñó a sus discípulos y a quienes lo escuchaban que podían confiar en sí mismos, en la capacidad y en el potencial con el cual cada uno había nacido. Él les hablaba así: «Vosotros sois la sal de la tierra, vosotros sois la luz del mundo»; «Buscad y hallaréis; llamad, y se os abrirá». Jesús nos enseñó a seguir a la meta, y a confiar que todo es posible para el que cree, conforme al propósito con el cual cada uno ha sido llamado.

> **Conforme a vuestra fe os sea hecho.**
>
> **Jesús**

Esta es la verdadera voz de un mentor de excelencia. La voz apta afirma y reconsolida la visión y las metas que están por delante. No esperes que el mentor venga a buscarte, necesitas ir en su búsqueda. Y cuando lo encuentres pégate a él, asiste a sus conferencias, lee sus libros, obsérvalo actuar.

Selecciona lo que oyes y decide cuáles serán tus relaciones interpersonales. De acuerdo con ambas, obtendrás éxito o fracaso.

Gozas del libre albedrío, de la capacidad de decidir con quién quieres estar y con quién no. Tus compañías también son generadoras de oportunidades: tanto de fracasos como de éxitos.

Warren Buffet es considerado por muchos como el mejor inversionista de todos los tiempos. Según el *Wall Street Journal,* es la persona más influyente en el mercado financiero de Estados Unidos.

En 2005 ocupó el segundo lugar dentro de las mayores fortunas personales del mundo en la lista de la revista *Forbes,* con un estimado de cuarenta y cuatro mil millones. Trabajó con Graham en Graham-Newman, donde siguió las reglas de inversión de su maestro.

Él también tuvo un mentor. Volvió a Omaha en 1956 sin ningún plan en mente, hasta que alguien le pidió que manejara sus inversiones. Así fue como Warren Buffett comenzó. Este hombre, el segundo más rico del mundo, antes de cerrar un trato con inversores se hace tres preguntas: ¿Me gustan? ¿Confío en ellos? ¿Los respeto? Si alguna de estas preguntas genera un no por respuesta, el trato no se lleva a cabo.* Estas son el fundamento de su riqueza: dime con quién andas y te diré los resultados. Elegir y seleccionar las compañías optimizará las oportunidades, los resultados, y te evitará futuros dolores de cabeza.

Todas las personas exitosas se encargaron en algún momento de estudiar todo aquello que a «los exitosos» les resultó. Ellos observaron a:

1. Hombres y mujeres que no se conformaron ni aceptaron la herencia recibida.
2. Personas con propósitos y hábitos eficaces que los llevaron al éxito.
3. Personas provocadoras, impacientes, oportunas, ágiles, preparadas, que revirtieron su pasado y se prepararon para ello.
4. Personas que saben que siempre hay un nuevo nivel de aprendizaje y de oportunidades.

¡Prepárate para aprender! Comprométete con tu proyecto y con tu destino. Otros podrán ayudarte, pero a ti te compete avanzar y concretar.

* Datos extraídos de http://es.wikipedia.org/wiki/Warren Buffet y http://fichaje.googlepages.com/warren-buffet.html.

2. ¿MENTOR SE NACE O SE HACE?

Integridad y actitud son dos condiciones esenciales y necesarias de una persona para poder ser mentor de otros. Un mentor sabe que **el sí es sí y el no es no**; determina algo y esa decisión es firme.

Él seguramente ya alcanzó el sueño que tú quieres conquistar, sabe lo que significa parir una visión, alcanzar una meta, un desafío, correr riesgos.

Este hombre, antes que tú, abrió su mente y se deshizo de todo aquello que obstaculizaba el camino hacia su objetivo, y entendió que los paradigmas y las viejas estructuras de pensamiento detenían su proceso, lo distraían y robaban su proyecto. Sabe que su lugar no es el del amigo, ni el del compañero de salidas ni de cafés; por cierto, te querrá demasiado para dejarte de la misma manera en que te encontró. Siempre buscará que mejores y te superes. Te enseñará el camino de la excelencia y la integridad. Tampoco su función es darte el trabajo resuelto, sino enseñarte a resolverlo. **Solo el que llegó estará dispuesto a ayudar a que otros también lo logren.**

Un mentor sabe que su propia vida está sujeta a un permanente proceso de cambio, de aprendizaje y crecimiento.

El boxeador Joe Frazier sostenía que se puede trazar un plan de pelea o un plan de vida. Pero, cuando comienza la acción, la persona depende de sus reflejos. Allí es donde se manifiesta lo que ha hecho.

El mentor desarrolla un plan de vida propio.

Muchos de los mentores exitosos han sabido enfrentarse a las circunstancias y han podido salir de cada una de ellas. Roosevelt, el líder americano, no fue líder y mentor de la noche a la mañana, sino que fue construyendo su liderazgo. De niño fue débil y enfermizo, su vista era muy deficiente y su-

> **La primera persona a quien uno dirige es a uno mismo.**
>
> J. Maxwell

fría de un agudo asma que lo debilitaba. A los doce años su padre le dijo: «Tú tienes la mente pero no tienes el cuerpo, y sin la ayuda del cuerpo la mente no puede ir tan lejos como debería. Tienes que construir el cuerpo.»

Y así comenzó a concentrarse en cultivar con ejercicios y rutinas diarias su cuerpo y su mente. Bajo su mandato, Estados Unidos sobresalió y se impuso como potencia mundial. Crecía y actuaba permanentemente, hasta que la muerte lo sorprendió durmiendo. El vicepresidente, en ejercicio de la presidencia dadas las circunstancias, declaró: «La muerte tuvo que sorprenderlo durmiendo, porque si Roosevelt hubiera estado despierto, habría dado pelea.»

Un mentor se construye a sí mismo día a día, fortaleciéndose tanto como pueda, y sabe de su misma necesidad de tener él también un mentor.

Un mentor trabaja permanentemente en «el otro» para facultarlo siempre para más.

Abraham Lincoln le envió un mensaje al comandante del ejército de la Unión en 1864: «No pido ni deseo saber nada de sus planes. Asuma la responsabilidad y actúe, y llámeme si me necesita.»*

- Un mentor es aquel que ya tiene la experiencia que tú necesitas.
- Un mentor siempre espera que triunfes y alcances el éxito.

* MAXWELL, John; op. cit., pág. 98.

Ellos pueden ver más allá que nosotros, saben del potencial no explotado que hay en nuestro interior. Conocen el principio que determina que, cuando ayudas a

> **El mentor te guía hacia la conquista, no te marca el camino.**

otro a triunfar, esa mano que has dado nunca vuelve vacía.

3. UN MENTOR SABE DEJAR HERENCIA

Diversas investigaciones y estadísticas han establecido que cada uno de nosotros influye casi en diez mil personas durante toda su vida. El tema a tratar no es si uno es capaz de influenciar en los otros, sino cómo manifiesta su influencia.

El alcance de un mentor dependerá de la capacidad que tenga para dirigir a otros hacia los objetivos trazados. Su alcance hablará de su habilidad y su liderazgo.

Un mentor deja herencia, proyecto, legado, descendencia, camino, visión y destino.

El mentor te prepara para la vida. Su meta y su herencia es dejarte libre para que decidas y alcances éxito en todo lo que emprendas.

Se encargará de facultarte para que estés listo en la carrera, promoverá tu crecimiento y tu potencial para que pises lugares y ámbitos que jamás pensaste alcanzar. Un mentor te enseña a ser libre y te faculta para

> **Te inculcará que es mejor finalizar un proyecto que comenzarlo.**

que tú también puedas dejar herencia.

Roberto Goizueta fue uno de los mejores líderes que tuvo Coca-Cola. Su meta fue llevar a esta empresa a ser la empresa líder mundial. Cada mañana se preguntaba cómo hacer para producir mil millones de envases de Coca-Cola por día. Cuando comenzó con esta empresa en 1981, el valor de la compañía era de cuatro mil millones y, durante su mandato, creció a ciento cincuenta mil millones, lo que denota un incremento del 3.500 %. Con este hombre, Coca-Cola fue la segunda corporación más importante en Estados Unidos y, junto con él, cientos de accionistas se hicieron multimillonarios.

Pero Goizueta también aprendió del jefe financiero con el que contaba esta firma, Doug Ivester, quien lo formó creativa y financieramente, adiestrándolo y transmitiéndole todo su conocimiento respecto a inversiones y el manejo de las deudas.

Hasta que en determinado momento, Goizueta enferma; es entonces cuando decide dejar herencia y preparar a la firma para su ausencia. Sabiendo del potencial de Ivester, ya enviado a Europa para obtener formación y experiencia internacional, lo llama de regreso y lo forma como futuro presidente y jefe principal de la empresa.

Cuando su enfermedad se dio a conocer, no hubo sobresaltos ni riesgos en la empresa ni en los mercados. Goizueta sabía que él no era eterno y conocía los principios que tienen los mentores de excelencia, preparar a otros para que sean más exitosos que ellos mismos, rompan récords y traspasen las fronteras con sus impactos.

> El éxito no se mide por lo que tienes por delante sino por lo que estás dejando atrás.
>
> **Chris Musgrove**

El periodista y empresario Julio Ramos, director del diario *Ámbito Financiero*, también supo dejar herencia.

Este hombre fue analfabeto hasta los once años de edad. No conforme con su situación, desafió su propia vida y su destino.

Se especializó en economía y finanzas. Terminó sus estudios universitarios al cumplir cuarenta años de edad. Vio fallecer a dos de sus hijos. Sus allegados dicen que fue el peor momento de su vida; sin embargo, pudo reponerse y continuar con sus proyectos.

Los que conocieron el nacimiento de este diario saben que Ramos hipotecó su vivienda familiar y vendió su automóvil para lograr su capital inicial. Aunque comenzó con solo cuatro páginas, se consolidó en una época en que la demanda de información financiera crecía en la City bonaerense.

Fue el propietario y alma máter de *Ámbito*, y solía decir que las portadas de los diarios son fruto de «una acción creativa», y a ella dedicaba sus mejores esfuerzos en el día a día. Años antes de su muerte ya había dejado un vídeo donde anunciaba quién tomaría su lugar y los cargos directivos de la empresa. Todos ellos eran personas que trabajaron con él y aprendieron junto a él el manejo y la pasión por el diario. Un hombre que también inspiró a todos los que estaban cerca de él. Sin duda dejó herencia y legado.

Ahora te toca a ti, no picotees. Trabaja e invierte en lo que sirves, en el área de tu mayor idoneidad. El tiempo y el esfuerzo que le dediques a aquello que es tu pasión es lo que te dará los mejores resultados y te capacitará para revertir cualquier error en tiempo récord.

Ten en cuenta que el fracaso es circunstancial y la dificultad no es el problema, sino la semilla que sembraste en una tierra que tal vez no funciona y no es apta para recibir tu cosecha.

4. ¿POR QUÉ NECESITAMOS DE UN MENTOR?

John Maxwell dice que un maestro motivador te hace sentir bien; es alguien que te dará una verdad, o algo que al día siguiente te va a ayudar. En cambio, un orador que solo motiva te hace sentir bien, pero al día siguiente no sabes bien para qué o por qué lo dijo.

> **Algunas personas entran en nuestra vida y se van casi al instante. Otras se quedan y nos producen tal impresión en el corazón y en el alma que nos cambian para siempre.**
>
> **Anónimo**

Cuanto más explícita sea la devolución del mentor, más rápidamente estaremos alejándonos de la zona de conflicto y podremos seguir creciendo.

Todos podemos dejar el fracaso atrás. Hay momentos o situaciones que requerirán que otra persona externa a nosotros nos ayude a lograr ese cambio que necesitamos implementar.

> **Hasta donde te animes a creer, y hasta donde aceptes escuchar, hasta allí tendrás.**

El mentor es inspirador. Un mentor no busca ser admirado porque la admiración no cambia a los otros, un mentor busca inspirar.

La admiración no cambia a la gente, la inspiración sí

Un mentor es una fuente permanente de inspiración para los demás. Estimula, enseña y desafía, porque enseñanza sin desafío es mero entretenimiento. El mentor es un inspirador de metas y proyectos, y su mente está orientada a la paternidad.

Para avanzar necesitamos buscar a alguien que vaya delante nuestro en la carrera, porque el que viene detrás aún necesita ayuda. La ignorancia nos hace esclavos de otros, dependientes de sus proyectos, de sus metas y sus éxitos. Nuestra naturaleza es siempre ir a por más. Todo avanza, inclusive tu sueño, por eso debes invertir tiempo en él. **No pierdas el tiempo con la gente complicada.** Aprende a elegir. Hay alguien que ya cumplió tu sueño, solo tienes que descubrir dónde está, invitarlo a cenar, preguntarle y aprender de él. Pero ¿qué nos pasa a nosotros los argentinos?

No queremos tener un padre porque siempre sabemos todo: cómo tener el negocio ganador, cómo tener la familia perfecta, cómo sacar el país adelante, cómo hacer la mejor publicidad. Muchos triunfan en dos o tres proyectos y ya se consideran mentores; pero no es así como se revierten los fracasos y se alcanza el éxito. El verdadero mentor ama formar a otros y él mismo está en constante formación. Un mentor querrá impartirte una nueva mentalidad para que puedas darle un giro a tu caduca manera de pensar. Se encargará de restaurar tu visión y animarte a que nazcas cada día produciendo las herramientas que necesitas para que en el futuro puedas autoguiarte.

Hay un cuento de Anthony de Mello que ejemplifica todo lo aquí mencionado:

> Cuando el maestro se hizo viejo y enfermó, los discípulos no dejaban de suplicarle que no muriera.
>
> El maestro les dijo:
>
> —Si yo no me voy ¿cómo podréis llegar a ver?
>
> —¿Y qué es lo que no vemos mientras tú estás con nosotros? —preguntaron ellos.
>
> Pero el maestro no dijo ni una palabra.

Cuando se acercaba el momento de su muerte, los discípulos le preguntaron:

—¿Qué es lo que vamos a ver cuando tú te hayas ido?

Y el maestro, con una mirada pícara en los ojos, respondió:

—Todo lo que he hecho ha sido sentarme a la orilla del río y daros agua. Cuando yo me haya ido, confío en que sepáis ver el río.

Un verdadero mentor jamás te hará codependiente de él. ¿Cómo reconocerlo? Es sencillo: debe tener estos atributos y condiciones:

- Ayudará a que elabores y formes un mejor concepto de ti mismo, así como una imagen positiva, no ordenando ni guiando tu vida, sino orientándola y restaurándola. Siempre tendrá algo para enseñarte.
- Buscará ayudarte y acercarte a tu propósito. Su condición asume permanentemente objetivos, desafíos y riesgos. Su mente y su espíritu no tienen muros, límites ni barreras; no sabe de «nos» ni de «imposibles».
- Sabe que «el éxito debe juzgarse a diario por las semillas que se siembran, no por la cosechas que se siegan».
- No presume de saberlo todo, su interés por el aprendizaje continuo es notorio. Sabe que no conoce todo de todo.
- Siempre te incentivará a derribar muros, no a crear murallas. Nunca tomes una decisión importante sin haber buscado consejo. La palabra correcta es «consejo», no opinión. Cuando habla alguien que está por debajo de ti o en igual condición, es opinión; cuando habla un mentor, es consejo.

El libro de Proverbios dice:

- «Al estúpido le parece bien lo que decide, pero el sabio escucha el consejo.»
- «Cuando falta el consejo fracasan los planes, pero cuando abunda el consejo los planes prosperan.»
- «El éxito depende de los muchos consejeros que sean escuchados.»

Un mentor nunca te va a decir qué tienes que hacer; él te dará una luz, una idea, porque está por delante de ti.

Goethe decía: «Cuando tratamos a una persona como lo que ya es, la hacemos peor de lo que es. Cuando la tratamos como si fuera lo que potencialmente podría ser, la convertimos en lo que debería ser.» Esto es lo que hace un verdadero mentor.

5. EN RESUMEN

Corrige al sabio y te amará; corrige al estúpido y te odiará.

Escucha el consejo y acepta la corrección, para ser sabio en tu vejez.

El camino del necio es sabio en su opinión, mas el que obedece el consejo es sabio.

Donde no hay quien escuche, no lances palabras al viento ni quieras fuera de razón ostentar tu saber.

17

FRACASA MÁS, GANA MÁS

1. PERDER PRIMERO PARA GANAR DESPUÉS

Desde el momento que admitimos el error, generamos una nueva posibilidad de aprendizaje.

En una ocasión, un joven le preguntó a Tom Watson, director general de IBM, qué tenía que hacer para alcanzar el éxito. A lo que este contestó: «Hacer algo aparentemente impensable: fracasar, y duplicar tu tasa de fracaso.»

Negar los fracasos y los errores solo nos predispone a volverlos a cometer.

En nuestra historia personal, todos tenemos registrado algún fracaso. Ellos forman parte del crecimiento, del riesgo y los objetivos a alcanzar. Pero si todas nuestras habilidades y potencial están en funcionamiento para superarlos, generaremos nuevas oportunidades de éxito.

La ex directora de comunicaciones corporativas de Lotus propiciaba que cada empleado pudiera dar a conocer su fracaso en un concurso que organizaba, «El error del mes», donde en un tablero cada uno de los integrantes de la empresa podía anotar libremente los errores cometidos durante el mes en curso.*

Como resultado, desde que este método fue utilizado, los errores visualizados en la cartelera no se volvieron a cometer.

Lo que determinó este concurso fue poder desmitificar el fracaso como un error irreparable, y concebirlo como una situación de evaluación y aprendizaje continuo.

Por eso, si te equivocaste o fracasaste, ¡no hay problema!, vuelve a empezar.

La gente exitosa empezó generando fracasos; no siempre a un gran éxito lo antecede otro éxito o fortuna; mejor dicho, lo anteceden muchos errores y fracasos.

Según Brian Tracy, más del 90 % de las personas que han triunfado financieramente empezaron sin un céntimo. ¿Lo hubieras imaginado?

Uno de los casos más significativos fue el de Soichiro Honda. Nació en 1906 y fundó una de las más importantes empresas de automóviles japonesas.

Pertenecía a una familia humilde, hijo de un herrero, y abandonó los estudios a la edad de siete años. Como no se conformó con la herencia recibida, decidió animarse a desafiar su realidad y su presente.

Tras abandonar los estudios, se dedicó a trabajar en un taller de reparación de coches, donde comenzó cuidando al bebé de su jefe y aprendiendo en aquel lugar todo lo que podía.

Pero sabía que eso no era suficiente, no era su meta; así que decidió cursar estudios en la Escuela de Ingeniería de Hamamatsu.

Mental y espiritualmente, estaba decidido a prepararse e

* *Fast Company*, noviembre de 1998, pág. 58.

ir a por más, hasta que a la edad de veintiséis años fundó la Toukai Precision Machine Company, dedicada a fabricar anillos de pistón.

Pero el resultado de este emprendimiento fue un fracaso, por lo cual vendió su factoría a Toyota y, con ese dinero, fundó el Instituto Tecnológico Honda en su ciudad.

En medio de la depresión económica de los años treinta construyó su fábrica, la cual fue destruida durante la Segunda Guerra Mundial. Pero eso tampoco lo detuvo. La volvió a construir y fue devastada por un terremoto que azotó la zona; en ese desastre, él supo ver una oportunidad.

Todo lo que emprendía, fracasaba; pero un día fundó la Honda Motor Company y pasó de construir bicicletas a fabricar motos y ser líder en el mercado. Vio una oportunidad en el empobrecimiento de su país y comenzó a idear las bicicletas motorizadas. Y hacia 1949 comenzó a vislumbrar, por fin, sus primeros triunfos. En 1951 diseñó motos de mayor cilindrada y, en 1963, comercializó el primer coche. Hoy en día, la empresa Honda es conocida como el mejor fabricante de motocicletas del mundo.

Las personas exitosas no se rinden; fracasan y fracasan hasta que alcanzan el triunfo, ganan y ganan cada vez más.

A estos datos no solo se los puede relacionar con las metas y proyectos económicos, sino con cualquier área de tu vida en la cual hayas programado objetivos y planes a seguir.

2. FRACASAR, FRACASAR; GANAR, GANAR

Al fracaso no trates de racionalizarlo, lo importante e imprescindible es revertirlo. Si fracasaste, significa que asumiste riesgos y, en consecuencia, que estás cerca de tu objetivo.

¿Cuántos proyectos nuevos has intentado hoy? ¿Cuántas veces en el día te has equivocado?

Una vez, tal vez dos, o ninguna.

¿Estás preparado para correr riesgos?

Lo importante es llegar al resultado que fijaste y no desperdiciar el tiempo tratando de justificar el error.

- A Beethoven un profesor le dijo: «Como compositor, usted es un caso perdido», debido a la frecuencia de los errores que cometía.
- Muchísimos millones de dólares y tiempo se invirtieron en un proyecto de un sistema operativo de IBM que fue discontinuo, pero que dio origen al sistema operativo Windows NT.
- La hoja de cálculo Multiplan fue un fracaso y pudo apenas competir con Lotus 1-2-3, pero esa información sirvió para el desarrollo de Microsoft Excel, una hoja de cálculo avanzado, exitosa y competitiva.

Bill Gates, en su libro *Business @ the Speed of Thought*, comenta: «Cuando aceptas las noticias desagradables no como algo negativo, sino como evidencia de la necesidad de cambiar, no te sientes vencido por la situación. Estás aprendiendo de ella.»* Sus fracasos fueron transformados en gigantescos y millonarios éxitos. Este hombre entendió que el fracaso es parte del proceso y no un resultado. Con paciencia y con tiempo, se llega al objetivo propuesto.

Einstein fue uno de tantos que, como cualquier otra persona, fracasó cientos de veces; pero no se conformó ni

* GATES, Bill, y Collins HEMINGWAY, *Business @ the Speed of Thought*, Warner Books, Nueva York, 1999, pág. 54.

con la derrota ni con su herencia. Nació con una cadera dislocada y caminó mal toda su vida.

A la edad de quince años, cuando su familia se trasladó a Milán, a causa de sucesivos fracasos en los negocios, Einstein abandonó la escuela. Nunca le gustó el colegio. Pasó un año con sus padres en Milán y viajó a Suiza, donde terminó los estudios secundarios e ingresó en el Instituto Politécnico Nacional de Zúrich. Durante dos años trabajó dando clases particulares y de profesor suplente. En 1902 consiguió un trabajo estable como examinador en la Oficina de Patentes Suiza en Berna.

A pesar de ello, seguía con sus ensayos. Sus colegas tampoco lo apoyaban, no entendían sus teorías por la escasez de sus postulados; pero esto tampoco lo detuvo, por lo que decía: «Todos somos muy ignorantes, lo que ocurre es que no todos ignoramos las mismas cosas», y agregaba: «No es que yo sea más inteligente que ellos, sino que paso más tiempo con los problemas.»

Luego, fue uno de los pocos académicos que durante la Primera Guerra Mundial condenó a los alemanes por su participación en el conflicto, por lo cual le confiscaron todas sus propiedades. Terminada la guerra, continuó con sus actividades pacifistas y sionistas, por lo que fue blanco de los ataques de grupos antisionistas y de derecha alemanes. Sus teorías llegaron a ser ridiculizadas en público, especialmente la de la relatividad. El científico más conocido del siglo XX fue subestimado y burlado ante toda la sociedad.

Einstein fracasó pero también ganó. En 1921 fue galardonado con el Premio Nobel de Física. «El valor de un logro está en lograrlo», declaró.

Para ganar, primero debemos aprender a fracasar. Las soluciones del error las debemos crear nosotros mismos.

Ninguno de estos hombres descansó ni se paralizó ante

el error. El fracaso no era el resultado al cual se adaptarían; este concepto no estaba arraigado en sus mentes. Ellos mismos definieron y definen en sus mentes lo que esperan de ellos mismos.

Por eso, si tu deseo es triunfar, he de decirte que debes fracasar más.

3. LOS «NO» DE LOS EXPERTOS, SON LOS «SÍ» DE LOS QUE SE ANIMAN

Robert Heinlein se refirió a ellos y dijo: «Escuche siempre a los expertos. Le dirán lo que no puede hacerse y por qué. ¡Luego hágalo!»

Hay personas que se consideran expertas en todo. Ellos saben por qué no podrás lograrlo y por qué no te conviene intentarlo. Sin embargo, cuando te digan que no va a funcionar, será el momento indicado para que comiences a hacerlo.

¿Alguna vez has comentado cierta duda que tenías respecto a determinado tema e inmediatamente apareció un experto que te respondió mucho más de lo que preguntaste?

Quizá conozcas a muchos de ellos, personas que tratan por todos los medios de convencerte y darte toda la información acerca de por qué no va a funcionar, pero que, en ningún momento, se detienen a elaborar estrategias para que sí funcione.

Louis Gerstner, la persona que transformó IBM, era un encargado del sector de alimentos. Lo que sucedió es que él se atrevió a ver donde los expertos no se animaban a indagar y observar. A los expertos se les escapan las posibilidades que aparecen como obvias; en cambio, los innovadores, los que poseen una mente libre de límites, ven donde los otros no miran.

El quid es poder pensar de qué otra forma podría hacer lo que estoy produciendo para obtener más rédito. Cómo lo haría si fuera la primera vez. Cómo lo mejoraría.

Poder soltar la tradición y el pasado como forma de vida te permitirá indagar y descubrir nuevas formas de actuar.

> No hay más ciego que aquel que no quiere ver.

Lo obvio, lo sencillo y lo funcional está muchas veces delante nuestro. Lo que sucede es que el bagaje cultural adquirido no nos permite romper las normas establecidas, cuestionarlas y volverlas a enunciar.

En realidad, los expertos son «expertos en excusas»: ellos siempre encuentran las explicaciones de por qué no vas a triunfar.

Ellos citan frases como estas:

- Ya lo hemos intentado antes y no funcionó.
- Con este criterio, las cosas nunca saldrán bien.
- Me parece bueno, pero...
- Debemos tomar el camino más seguro.
- Ni lo intentes, es demasiado peligroso, y tantas otras excusas para no poner en funcionamiento una nueva idea, o implementar otra posible estrategia. Einstein decía que las grandes ideas suelen suscitar una oposición violenta por parte de los mediocres.

Elbert Hubbard describe a los especialistas como personas que se limitan a sí mismos; ellos saben más de lo que intentan.

Ahora bien, ocúpate de confrontar y cuestionar lo que te digan los expertos. Supervisa todo lo que es de tu interés.

> Los investigadores han determinado que los expertos en cualquier campo padecen la enfermedad del especialista.
>
> Ernie Zelinski

La mayor parte del tiempo hablan mucho más de lo que actúan. Su rasgo principal es el protagonismo.

En Argentina, en épocas de debacle económica, hubo especialistas que pronosticaron determinado precio para el dólar, de una paridad cambiaria de 1 dólar por 9 pesos argentinos aproximadamente.

Estas predicciones produjeron temor, duda, ansiedad y desasosiego en una sociedad que trataba de superar día a día el descontrol institucional, social y económico.

Pero, gracias a que estas predicciones fueron hechas por expertos, nunca se concretaron.

Los expertos piensan y consideran que ya lo han visto todo. Ellos conocen las tendencias de la bolsa, del mercado de valores y lo que sucederá con cada idea o proyecto que se lanza al mercado. Lo que no saben es la motivación interna que te impulsa a generar esa clase de ideas. Desconocen que «la iniciativa personal genera éxitos allí donde otros fracasan».*

En la planta de desarrollo de Hewlett Packard en Roseville, California, pusieron en marcha la técnica de pensar como novatos para rediseñar una nueva línea de ensamblaje.

Cuestionaron cada detalle de la operación, desde los sistemas de computación hasta los de cafetería; todo fue evaluado y pensado nuevamente. Con una nueva perspectiva, con la idea de una mejora, este tipo de pensamiento y su posterior ejecución hicieron que los gastos de la empresa en materia prima bajaran hasta un 50 %. Pasaron de

---

* Frase correspondiente al escritor Lionel Sosa.

una terminal de tornillos de cincuenta empleados a una de solo cuatro. El papeleo se redujo en un 90 %, y la mano de obra para las terminales, en un 75 %. Realmente datos increíbles.*

Los exitosos no conocen ni se mueven en el nivel de las excusas, solo lo hacen en el nivel de las oportunidades. Saben que siempre hay más por descubrir y por hallar, que deben salir a buscar las oportunidades y no esperar a que aparezcan. Que el error o el fracaso no es el fin de su proyecto; ellos saben que no lo saben todo, y por eso disponen su tiempo para aprender, para desafiar retos y crear posibilidades.

Supera los «no» de los expertos. Los verdaderos expertos son los que aceptan desafíos y transforman en éxito cada reto de la vida. El verdadero experto defiende su posición y sabe decir no a lo que paraliza su acción.

> Lo que cuenta es lo que aprendes después de que ya lo sabes todo.
>
> John Wooden

El verdadero experto sabe que es normal equivocarse y cometer errores. Sabe que no es un superhéroe de historieta o el protagonista de una película de cine. Sabe que es un ser humano dispuesto a aprender de sus falencias, de aceptarlas y cambiarlas.

Si estás presto a escuchar a los expertos, no podrás conocer el sabor que tienen el futuro y el éxito. Solo podrás disfrutarlos cuando te concedas la oportunidad de volverlo a intentar.

---

* KRIEGEL, Robert, J., op. cit.

4. LOS «NO» NO SON ACEPTADOS COMO RESPUESTAS

Equivocarse y cometer errores es normal. Nunca aceptes un no como respuesta.

Hacernos cargo de ellos y transformarlos nos redituará mejores resultados. Sin embargo, el temor que nos despierta el error no está alojado en nuestras emociones, sino en nuestra mente.

El fracaso solo tiene lugar en tu mente y ocupará el lugar y la posición que le otorgues. Por eso, no luches por justificar tu fracaso, ni por controlarlo ni racionalizarlo, céntrate en revertirlo. El punto esencial es llegar al objetivo planificado y no desperdiciar el tiempo en la justificación del error o la falencia. Si eres un productor y un ejecutor de ideas, cometerás errores, pero ten en cuenta que, cuanto más fracases, más éxitos serás capaz de producir.

> Los hombres sabios aprenden más de los tontos que lo que estos aprenden de los sabios.
>
> **Refrán popular**

También es claro que cuanto menos hagas e intentes, menos fracasos tendrás. Pero ¿cuántos éxitos llevarán tu nombre?

Descartar un objetivo por miedo a fracasar es atrofiar, desperdiciar y anular la capacidad de tus neuronas, de tu mente, de tu cerebro, de tus habilidades, pero la resignación y el conformismo no son tu condición.

Recuerda lo que escribió Winston Churchill: «El éxito es ir de fracaso en fracaso sin perder el entusiasmo.»

Tanto el éxito como el fracaso no pueden ser delegados, ambos dependen de ti. Nadie solucionará tu error. Vivir pensando que todo será solucionado de un momento al otro, sin tomar decisiones y ponerlas en marcha, es como vivir un cuento de hadas.

Aprende a sacar el máximo beneficio de cada fracaso, tenga la dimensión que tenga, y con esta determinación estarás cada vez más cerca del objetivo final.

El director de la empresa Enron, Lou Pai, decía que todos cometemos errores. No podemos castigar a la gente por tratar de hacer cosas.

> **No vayas por ahí diciendo que el mundo te debe un medio de vida, porque no te debe nada. El mundo llegó primero.**
>
> **Mark Twain**

Fracasar y volverlo a intentar una y otra vez no significa ser débil. Todo lo contrario, implica ser audaz y tener dominio propio para seguir centrado en el objetivo.

Cuanto más decidido a salir del fracaso estés, más aumentarán tus destrezas y fortalezas para alcanzar los objetivos.

La autora Gretchen Rubin se expresó con respecto al fracaso en una nota publicada en el *New York Times*: «Fracasar es el precio que se paga por correr riesgos, por estar a la vanguardia de algo. Antes, la gente se avergonzaba de que los demás se enteraran de sus fracasos, pero hoy en día eso significa que uno es creativo, que está dispuesto a arriesgarse. Y eso lo aprecia todo el mundo.»

Errar y aprender, dos verbos que si funcionan juntos, obtendrán resultados brillantes. Dos conceptos que usados adecuadamente nos permitirán establecer una crítica constructiva y eficaz. La sabiduría no es el producto del estudio, sino del esfuerzo por adquirirla.

5. SI LO INTENTASTE Y FRACASASTE, ¡AHORA ESTARÁS LISTO PARA GANAR!

El cirujano H. Richard Hornberger fue capitán en el cuerpo médico del ejército durante la guerra de Corea. Al regresar de la batalla, empezó a escribir la primera de sus tres novelas de guerra, en las cuales trabajó durante doce años. Pero su manuscrito fue rechazado por una editorial tras otra. Finalmente, su libro *MASH* fue publicado en 1968 por William Morrow. El libro se llevó al cine en 1970 y se convirtió en la tercera película que produjo más recaudación. Posteriormente, se convirtió en la serie de televisión más popular.*

A nadie le gusta decir: «Fracasé» o «Me equivoqué». Son pocos los que se hacen cargo de sus resultados.

> Mientras una persona duda porque se siente inferior, la otra está ocupada cometiendo errores para llegar a ser superior.
>
> Henry C. Link

Tampoco nos agrada que los demás piensen que no fuimos capaces de lograr el objetivo propuesto.

Pero, a pesar de ello, cuanto más tempranamente fracases, más capaz serás de convertir esas primeras derrotas en éxitos brillantes y duraderos.

Helen Seller dice: «La seguridad es más que nada una superstición. No existe en la naturaleza, ni entre los hijos de los hombres, como una experiencia global. A la larga, evitar el peligro no es más seguro que exponerse a él. La vida es una aventura atrevida o no es nada.»

Tanto el error como el fracaso son dos ingredientes esenciales del camino al sueño.

Horace Walpole decía que, en ciencia, los errores siem-

---

* MAYER, Jeffrey, op. cit., pág. 58.

pre anteceden a la verdad, a lo que yo agregaría que al éxito también.

Cuanto más fracases, más protegidas estarán tus emociones. Y así, tus sentimientos no tendrán autoridad para dominar y controlar tus acciones. Solo cuando te animas a desafiar los errores y continuar a por más, estarás capacitado para alcanzar la meta. Fracasar, equivocarte y volver a empezar te agiliza mental y emocionalmente.

¿Qué es lo que inspira a los exitosos a seguir y seguir y no abandonar la carrera en la cual se involucraron? ¿Acaso es algo especial que solo tienen ellos y tú no?

¿Exitoso se nace o se hace? ¿Naces fracasado o te conviertes en una persona fracasada?

La convicción que tengas de alcanzar tu sueño determinará que no haya error ni fracaso que te detenga en su consecución. Con esta actitud, los supuestos serán desafiados, los imposibles no tendrán lugar y los «no sé, ¿resultará?» no estarán en tu estructura de pensamiento ni de creencias.

El éxito está lleno de fracasos, de riesgos y acciones llenas de esfuerzos, energías y desafíos.

¿Cuál es el riesgo mayor de poner tu sueño en marcha? Escríbelo:

_____

_____

_____

_____

¿No vale la pena arriesgar y actuar para verlo concretado?

Si nunca actúas, si abandonas, entonces sí estarás fracasando. Si tu sueño o tu objetivo no son desafiados delante de todos los imposibles y las dudas que surjan, si nunca tu sueño fue manifestado por miedo a no poder ser concretado, también habrás fracasado antes de fracasar.

Es preferible hacer y perder que no perder pero nunca haber intentado nada.

Piensa: ¿qué es lo peor que podría pasar? ¿Acaso fracasar? Pero, a estas alturas, ya hemos entendido que el fracaso es una situación de aprendizaje.

> Lamentarse de las cosas que hicimos puede tener consuelo con el tiempo; lamentarse por las cosas que dejamos de hacer puede ser inconsolable.
>
> Sydney J. Harris

¿Qué es lo máximo que alcanzarías al sortear los obstáculos y llegar a la meta?

Por unos instantes, detente a leer y releer lo que escribiste.

¿No vale la pena comenzar a actuar sin perder tiempo? Comienza paso a paso; si te equivocaste, no importa, abandona el error, el fracaso, perdónate, es normal y humano, y después de eso continúa. No te quedes con las dudas y las ganas. No descanses hasta no haber llegado a la meta.

Haz propia la Quinta Regla de la Dilación de Ed: «Pasa suficiente tiempo confirmando la necesidad y la necesidad desaparecerá.» Llegados a este punto, el fracaso y el error se transformarán en éxito tangible, real y verdadero. Es mi deseo que tu sueño no desaparezca.

> Un fracasado es una persona que hace las cosas mal pero que no es capaz de sacar beneficio de la experiencia.
>
> Elbert Hubbard

6. EN RESUMEN

Fracasar no es un delito. El delito es no aprender de los fracasos.

WALTER WRISTON,
Ex presidente del Citybank

18

NO PARES HASTA EL SÍ

1. SOLO LOS INCANSABLES LLEGAN

Existe una condición especial, una característica que distingue a los fracasados de los exitosos, y esta es la perseverancia. En ella residen todas las cualidades que posee una persona que llega a la meta, que desarrolla todo de sí para abrazar la visión cumplida: paciencia, voluntad de acero, ánimo, fe, esperanza, determinación y, sobre todo, confianza en lo que se ha propuesto conquistar.

> Si puedes verlo, podrás tenerlo.
>
> Ken Hubbard

Existen muchas personas inteligentes que, sin embargo, ante un fracaso no triunfan, quedan atónitas, inmovilizadas viendo pasar su tiempo, sus objetivos, tal vez, en manos de otros, y están allí paralizadas. Seguramente en medio del proceso se cansaron y decidieron no seguir más. Calvin Cooligde expresó que nada puede ocupar el lugar de la persistencia.

Llegar a la meta requiere persistencia, perseverancia,

> Una vida llena, feliz y satisfactoria no depende de lo que llegue usted a vivir, sino de lo bien que lo haga.
>
> **Ernie Zelinski**

una mente libre de límites y la valentía férrea de no detenerte hasta haberlo conseguido.

El actor Harrison Ford comentó que él se había dado cuenta de que el éxito iba unido a no rendirse nunca. No hay fracaso, sino falta de persistencia. No hay derrota que no sea interior.

No hay barreras infranqueables, salvo nuestra propia debilidad de propósitos.

Según los informes, más del 95 % de los fracasos se debe a que estos sueños y las metas fijadas fueron abandonados a mitad del camino. Sé tú el creador de tu propio milagro, no esperes el favor de las hadas. Únicamente eres tú el que decide y fija el precio a pagar por tu meta. La diferencia entre la idea y el producto final es una gran cantidad de persistencia que se traduce en mucho trabajo. La acción es la conductora del éxito; necesitamos de un compromiso y de un plan concreto y real para llegar; las ideas, los deseos y las palabras por sí solas no nos llevan a destino y, a todo esto, agrégale una gran cuota de autodisciplina.

> La autodisciplina no se «posee», sino que se «utiliza».
>
> **Steve Chandler, Scott Richardson**

Solo los incansables llegan

Estas mentes no conocen el término «fracaso». Ellos saben que el secreto está en no detenerse. Probablemente, en cientos de ocasiones han tropezado con problemas, dificultades, angustias, ausencias, desilusiones, vientos en contra;

pero ninguno de estos incidentes tuvo mayor fuerza que su visión y su sueño.

Personas como Gandhi y José Martí, luchadores incansables por sus sueños, hombres que no descansaron hasta ver garantizados los derechos de todos los hombres a la libertad, cualquiera que sea su raza, ellos son los que hoy son reconocidos y valorados en el mundo entero, y no lo son aquellos que quedaron a mitad del camino.

Nelson Mandela permaneció preso veintiséis años por proclamar sus pensamientos y sus ideas sobre la segregación racial, su objetivo era luchar por un país libre de prejuicios raciales. Sin embargo, siguió hasta el final, hasta ser elegido presidente de su país, **un claro triunfo de la persistencia**. Quien nada intenta, nada gana; quien la sigue, la consigue. William Lloyd Garrison encabezó la lucha por la abolición de la esclavitud y los derechos de los esclavos durante toda su vida y, a pesar de haber permanecido preso, cuestionado, criticado

Roma no se construyó en un día.

(hasta su cabeza tuvo precio y sus semanarios cerrados), les dijo a los críticos: «Tengo la necesidad de estar ardiendo por completo porque hay montañas de hielo a mi alrededor para ser derretidas», y persistió en su lucha por los derechos humanos hasta el final. La persistencia es la habilidad de que disponemos para revertir los supuestos imposibles, y digo «supuestos» porque, para el que cree que todo es posible, la persistencia le demostrará hasta qué niveles de éxito es capaz de llegar.

Thomas Edison, el director de Federal Express, Walt Disney, todos ellos y aun aquellos que no conocemos, que conquistaron un sueño, tenían algo en común: la perseverancia en sus ideales, en sus objetivos, en sus proyectos y sus metas; y este es el elemento esencial que les permitió continuar hasta el final.

Ninguno de ellos se detuvo ni retrocedió. Tal vez reformularon ideas, estrategias, pero no temieron la confrontación, el desafío ni el riesgo. No albergaron en sus mentes imágenes y creencias falsas. Como seres humanos, ellos también en algún momento tuvieron miedo a la frustración o a fracasar; sin embargo, lo afrontaron y lo vencieron; sabían que todo lo que se quiere se halla más allá del miedo, y que para superar ese miedo se necesita tener fe en el resultado.

> Las circunstancias no hacen al hombre. Únicamente hacen que se descubra a sí mismo.
>
> **Epicteto**

La historia fue escrita por ellos, no por los fracasados; pero aún existen millones y millones de libros que todavía no se han escrito, y en ellos puede estar registrado tu éxito, tu sueño. También tú puedes ser uno de ellos, ¿qué es lo que te separa de estos grandes?

Las dudas, el pesimismo, los sentimientos de derrota, el miedo, la inconstancia, los altibajos del ánimo...

Pero aun así, si existiera alguno de estos motivos, que estés leyendo este libro significa que tienes la capacidad de transformar cada uno de ellos y ser también parte de la historia.

2. APRENDER A ELEGIR

Siempre podemos ir mucho más lejos de lo que pensamos o imaginamos. Al tomar la decisión férrea de abandonar el fracaso y de avanzar, producirás notables resultados. Todo lo que alcances estará ligado a las elecciones que hagas. Puedes elegir actuar con mediocridad o con excelencia, todo lo que alcances será el resultado de un sistema de elecciones y decisiones. Ser responsable de cada decisión determinará tu lugar en la vida. Hoy estás donde estás y tienes lo que tienes debido a lo que decidiste ayer, y mañana estarás donde estés según lo que decidas y elijas hoy.

Al éxito no se lo alcanza al moverse por circunstancias o ganas. Si tu fuente depende de lo que encuentres en el afuera, necesitas circunstancias y personas que te acerquen al éxito.

> Si vencí al león y no fui destruido, lograré prepararme para decapitar a mi próximo enemigo.
>
> David

Pero esta es una creencia equivocada, todo lo que necesitas está dentro de ti, en tu espíritu, no necesitas de nada ni de nadie, porque en tu interior se planificarán las estrategias más exitosas. Y desde allí, desde esa posición, el fracaso no tendrá lugar.

Permanentemente elegimos y decidimos. Richard Bach expresó: «Para cualquier persona, todos los acontecimientos de su vida están ahí porque ella los ha atraído. Lo que decida hacer con ellos es cosa suya.» Elegir libremente, libres de la gente, de sus opiniones, de sus dichos, de sus pareceres, nos permitirá actuar con gozo y disfrute. Elige de acuerdo al propósito que tengas por delante, de esa forma serás más eficiente en todo lo que hagas, y recuerda que:

Elección + persistencia + disfrute + responsabilidad = resultados asombrosos

Tus decisiones determinarán cómo vas a ser conocido: si como un vencedor o como un vencido. Tu esencia sabe que cada error preparó el camino para el próximo éxito. Existe un eslogan que reza: «El fuerte se hace más fuerte y el que tiene salud se hace más saludable. La experiencia le dice qué hacer; la confianza en sí mismo le permite hacerlo.»*

Confianza, consistencia, audacia. Todos aquellos que han alcanzado el éxito se han animado a ir a por más, y más, hasta ver derribado ese muro y ese fracaso que los separaban de sus sueños. Agota todos los recursos que estén a tu disposición, y si no existen, créalos tú. Disfruta de la vida que tienes, no dejes nada sin usar.

> Hay millones de personas que suspiran por la inmortalidad, pero no saben qué hacer en una tarde lluviosa de domingo.
>
> Susan Ertz

Y piensa que cada resultado positivo, cada logro y cada éxito obtenido nos afirmará en las próximas decisiones que tomemos.

3. TRABAJA LA MILLA EXTRA Y OBTÉN EL *BONUS TRACK* DE HABER LLEGADO

¡¡¡Haz un poco más de lo que hiciste hasta ahora!!! Establece en tu vida retos y desafíos, cree en ti, apuesta por tu crecimiento, no seas tu propio muro. Podemos convertirnos en aquello que admiramos o en aquello que soñamos ser. Michael Jordan no fue admitido en el equipo de la universidad cuando quiso comenzar a jugar en el equipo de Carolina del Norte. Este genio fue rechazado en los dos primeros equipos a los cuales se presentó, hecho que hoy parece impensable. Este muchacho, al comienzo quedó desalentado por estos «NO»; entonces su madre cuenta: «Le dije que volviera a intentarlo y se autodisciplinase», frase que el joven siguió al pie de la letra. Trabajaba desde

* Eslogan perteneciente a Stan Smith.

temprano y se esforzaba más que el resto de sus compañeros para mejorar su juego defensivo y el manejo de la pelota en los lanzamientos. Un entrenador suyo, John Bach, decía que Michael era un genio que constantemente quería superar su propia genialidad. A lo que el propio Jordan añadía: **«El éxito fluye de la mente. La resistencia mental y el coraje son mucho más fuertes que algunas de las desventajas físicas que puedan tenerse. Siempre lo he dicho y siempre he creído en ello.»**[*]

La gente de éxito empieza antes, se esfuerza más, está más ocupada, prueba más cosas y se mueve con mayor rapidez. El fracasado llega a su trabajo más tarde y se retira antes. Personas exitosas, millonarios que empezaron sin nada, hoy se encuentran en la lista de los hombres más poderosos del mundo. El 90 % de los encuestados afirmaron que siempre hicieron mucho más de lo que se les pedía. Este es el principio de los vencedores, **la milla extra.**

Brian Tracy es uno de los hombres más conocidos en liderazgo de *management* en Estados Unidos, y asegura que si quieres prosperar en tu trabajo, tienes que hacer lo siguiente: ir a tu jefe y decirle: «¡Deme más responsabilidad!»

Sin embargo, muchas veces la mente, llena de creencias y supuestos erróneos, nos habla y nos dice: «¿Cómo me voy a quedar a trabajar más si no me lo reconocen?, ¡que trabajen ellos!, ¡a mí no me van a explotar!, voy a ir al sindicato a ver lo que me corresponde.» Pero en ese momento detente, respira hondo y piensa: **no lo estoy haciendo para ellos, sino para mí.** La milla extra siempre trae resultados a tu vida en todo lo que hagas.

[*] LOWE, Janet, comentarios extraídos del libro *Michael Jordan Speaks, Lessons from the World's Greatest Champion*, John Wiley, Nueva York, 1999.

Cuanto mayor sea tu siembra, mayor será tu cosecha.

Todo aquello que vale la pena requerirá de tu esfuerzo y de tu milla extra. Con un poco de esfuerzo no es suficiente; con medio esfuerzo no se alcanzan las visiones. Hay un sueño que está esperando ser alcanzado por ti, que lo comiences, que lo desarrolles y lo realices.

Marisa Brel, conductora y empresaria de los medios de comunicación, me contó: «El fracaso más fuerte de mi vida fue no poder quedar embarazada de forma natural. Durante dos años buscamos con mi marido tener un hijo, pero cada mes que transcurría era una frustración descubrir que no lográbamos el ansiado embarazo. Cuando finalmente llegó el tan esperado "sí", la alegría fue inmensa pero al mismo tiempo muy breve ya que, a las siete semanas de gestación, supimos que era un embarazo ectópico, y luego el espantoso diagnóstico, el que confirmaba que no podría quedar embarazada como el resto de las mujeres. Tratamientos y más tratamientos, una búsqueda intensa y dolorosa, hasta que di con aquella persona que me ayudaría a concretar mi sueño, el doctor Pasqualini, quien, junto con su equipo, supo atendernos en todo momento. Intento tras intento, y así hasta el quinto, pero ningún método utilizado tenía un final feliz. Pero al mismo tiempo que mi dolor y el de mi esposo crecían, también aumentaba el valor y la constancia para no detenerme hasta ver realizado nuestro sueño. Y así fue como en el sexto intento, ¡¡el embarazo se logró!! El éxito ganó al dolor y Paloma hizo sentirnos que todo el esfuerzo, la milla extra transitada había valido la pena. Lloré, grité y me enojé con todos, con mi cuerpo, con Dios, pero luego pedía perdón, sobre todo a Dios, y volvía a empezar. Sabía y estaba centrada en mi objetivo, quería un hijo y sabía que lo iba a lograr.»

Esta mujer sabía cuál era su objetivo y el deseo que la impulsaba a no detenerse frente a cada no. Sabía que con fuerza, fe y pasión llegaría a transformar esos momentáneos fracasos en un éxito que colmaría su alma y su vida.

> **Nunca obtendrás buenos resultados en la vida sin una acción consistente a la vez que persistente.**
>
> J. Canfield, M. Hansen, L. Hewitt

El labrador, para participar de los frutos, debe trabajar primero. Otro caso es el de una de las mujeres más veloces del mundo, Wilma Rudolph, una de las campeonas en carreras de velocidad y relevos en los Juegos Olímpicos de 1960. Fue un bebé prematuro, la vigésima de veintidós hijos, una niña siempre enferma. A los cuatro años estuvo a punto de morir después de haber padecido una neumonía doble, escarlatina y polio, enfermedades de las que salió con una pierna izquierda paralizada. Los médicos a su vez le diagnosticaron que difícilmente podría volver a utilizar esa pierna.

Ella rechazó este diagnóstico, por lo cual, inmediatamente, se dispuso a entrenar ocho horas por día hasta que a los doce años pudo comenzar a caminar con normalidad y dedicar toda su vida al atletismo. Se refería a sí misma diciendo: **«Solo quiero ser recordada como una chica que ha trabajado muy duro.»**[*]

Estas mejoras son el símbolo de la persistencia y el coraje de todas estas personas, que refutaron con sus esfuerzos cualquier pronóstico o resultado desfavorable.

En una ocasión, Andrew Carnegie le dijo a Napoleon Hill: «Hay dos tipos de individuos que nunca llegan a ser

---

[*] BIRACREE, Tom, *Wilma Rudolph*, Editorial Chelsea House, Nueva York, 1988.

nada, los que solo hacen lo que les dicen y los que no saben o no quieren hacer lo que deben.»

Quizá tardes un tiempo más, pero te aseguro que si te levantas, el fracaso será momentáneo.

El fracaso no es un lugar al que llegas de golpe, sino una elección y una decisión de cómo afrontar la vida. Si claudicas en el camino, no sabrás nunca lo cerca que pudiste haber estado de alcanzar el éxito esperado.

> **El fracaso no es fracaso si lo haces mejor la próxima vez.**
>
> J. Maxwell

Cuando te equivocas y erras el blanco una y otra vez, pero sigues y continúas levantándote y sumas aprendizaje, estarás formando el carácter de un triunfador.

El no claudicar, el no darse por vencido, te coloca en una posición de ganador.

Pedid y se os dará; buscad, y hallaréis; llamad, y se os abrirá. Porque todo aquel que pide, recibe; y el que busca, halla; y al que llama, se le abre.

MATEO 7, 7

Mientras tengas un sueño, una promesa, no importa cuántas veces te digan que no; alguien te dirá que sí. Rechaza el rechazo.

Una universidad de Estados Unidos descubrió que el 44 % de los vendedores se dan por vencidos al primer día de visita que son rechazados; el 24 % a la segunda visita; el 14 % a la tercera; el 12 % después de la cuarta; o sea que el 94 % se da por vencido.

Pero este estudio sobre ventas dice que el 60 % de las ventas se hacen después de la cuarta llamada. ¿Qué te quiero decir? Puedes llorar frente a un «NO», puedes enojarte o puedes tener una mentalidad y un espíritu que diga: EL PRÓXIMO, EL PRÓXIMO SERÁ MI ÉXITO. No sucedió a la quinta, a la sexta, a la novena vez, pero en algún momento alguien dirá «SÍ».

Edmund Hillary fue el primer hombre que intentó escalar el Everest, la montaña más alta del mundo, en 1952, pero fracasó en su primer intento. Posteriormente a este hecho, fue entrevistado por un grupo de ingleses en una conferencia. Al presentarse allí, fue aplaudido grandemente y la audiencia reconoció su esfuerzo; pero en su interior él sentía que había fracasado. En el momento en que subió al podio para hablar, dijo mirando la foto de la montaña: **«¡Monte Everest, me derrotaste la primera vez, pero yo te voy a derrotar la próxima, porque tú has crecido todo lo que vas a crecer... y yo todavía estoy creciendo!»**

Charles Caleb Colton decía: «Los tiempos de calamidad y confusión siempre han sido productivos para las grandes mentes. El metal más puro se produce en el horno más caliente y el rayo más brillante es el que produce la tormenta más oscura.»

¿Qué pudiste aprender de todas estas circunstancias? No hay límites dentro de ti. No te detengas, estás frente al umbral de tu objetivo. Estás en una carrera, preséntate en la línea de salida y no pares hasta la línea de llegada. Existe un refrán que dice: «En la confrontación entre el agua y la roca, el agua siempre gana, no por medio de la fuerza, sino por la persistencia.» Proverbios manifiesta: **«¿Has visto hombre solícito en su trabajo? Delante de los reyes estará.»**

No sirve solo anotarse en la carrera, debes participar. **PERSISTENCIA, PERSISTENCIA, PERSISTENCIA.**

El corredor R. Mears lo definió: «Para terminar primero, primero debe terminar.»

Trabajando con la milla extra, el propósito definido y las estrategias claras, cada fracaso será convertido en un «fracaso exitoso».

5. EN RESUMEN

Comienza haciendo lo que es necesario, después lo que es posible y, de repente, estarás haciendo lo imposible.

SAN FRANCISCO DE ASÍS

19

MENTALIDAD DE AVIVAMIENTO

1. ASÍ COMO PENSAMOS, VIVIMOS

Quizá te preguntes el porqué de este título. Es por mi insistencia en que tengas claro el término «mentalidad» y puedas incorporar un nuevo concepto, «avivamiento», en tus creencias y pautas de funcionamiento.

Mentalidad: porque de acuerdo con cada una de las creencias que hayamos incorporado como verdaderas a nuestra forma de manejarnos diariamente, dependerá si permitimos considerar el fracaso como el fin de nuestros sueños o el comienzo de un mayor esfuerzo y anhelo para revertirlo y transformarlo en éxito.

Nuestra mentalidad es la encargada de traducir hasta qué punto somos capaces de llegar.

Nuestra mentalidad quedará evidenciada a partir de la resistencia o la flexibilidad que expongamos en la capacidad para transformar un error en un **«fracaso exitoso»**.

Avivamiento: emplearemos este término como sinónimo de avivar, despertar, ingeniar, arreglar, inquietar a todo ese sistema de conductas y creencias que nos limitaron y, de ese modo, transformar cada fracaso en un éxito. Nos urge reciclar todos aquellos conceptos erróneos que nos han hecho demorar y retrasar el alcance de los objetivos, ya que solo las creencias correctas nos posibilitarán obtener los resultados esperados.

¿Cuántas veces desde que comenzaste a leer este libro te encontraste con las palabras creencias, mente, éxito, sueños, fracasos, error, metas, objetivos, propósito?

Pues ¡muchas!, dado que el objetivo es que puedas haber internalizado el hecho de que todos tus fracasos y tus éxitos primero se crean en tu mente. Las creencias que consideramos tanto ciertas como erróneas influyen inconsciente y conscientemente en la toma de decisiones que a diario ejecutamos todos los seres humanos. Cada una de ellas elevará nuestra autoestima o la destruirá, nos alegrará el día o nos deprimirá, nos convertirá en personas exitosas o fracasadas; todas y cada una de ellas forman parte de nuestra vida.

De acuerdo con la mentalidad que desarrollemos, serán los éxitos o los fracasos que registremos, o los fracasos exitosos que estemos dispuestos a transformar.

A partir de nuestras creencias, todo puede nacer y también morir, dependerá del tipo de mentalidad que hayamos forjado. Es por eso que hablamos de fracasos exitosos, será fracaso u éxito de acuerdo a lo que te hayas propuesto alcanzar, a los desafíos con que te enfrentas a diario y a las respuestas a aquellos resultados negativos que seas capaz de revertir.

Poder detenernos un tiempo y discernir el origen de nuestras creencias nos permitirá entender la base y la plataforma desde la cual se formaron nuestros pensamientos, refutarlos y revertirlos en el tiempo justo.

Las creencias erróneas boicotean nuestros objetivos y permanentemente nos desenfocan del propósito.

Cuando te concentras en lo secundario, te desenfocas y diriges tu energía erróneamente.

Al estar concentrado en las cosas importantes, la energía de la cual disponemos se multiplica y la pasión por alcanzar la meta superará cualquier obstáculo que pueda presentarse.

Las estadísticas demuestran que una parte de los proyectos que emprendemos pueden llegar a salirnos mal, podemos equivocarnos, todos podemos errar, pero solo persistiendo hasta el final alcanzaremos cada uno de los objetivos planeados. Date permiso para equivocarte, permítete un margen de error. No hay manera de aprender sin equivocarse y el dolor es parte del crecimiento.

Si te equivocaste, sacude el polvo de tus zapatos y sigue.

2. APRENDE A CUIDARTE A TI MISMO

Cada uno de nosotros estaremos en condición de soportar lo insoportable solo si aprendemos a cuidarnos a nosotros mismos. Necesitamos aprender a ser libres de la gente, a no hablar bajo emoción, sentimiento u opinión. Hablar abiertamente sobre nuestra vida nos permitirá seguir en camino aun cuando nos equivocamos.

No te muevas por ideas, gustos o suposiciones, sino por convicciones y seguridad de lo que te propones alcanzar.

Convicción es saber que, después de muchísimos «no», habrá un «sí» que nos abrirá esa puerta que el esfuerzo estaba esperan-

Tener convicciones es tener propósito.

do. **Convicción no es un rito que se defiende a rajatabla, sino una creencia verdadera que se ha hecho raíz en tu vida.**

Seguir tu objetivo es una convicción. Hay un momento en que necesitamos echar raíces profundas y jugarnos por las verdades que hemos asimilado. Una persona con convicción puede estar en cualquier lugar y circunstancia y su objetivo no cambia.

Jackie Joyner-Kersee se habló a sí misma cuando sufrió un ataque de asma en el transcurso del último campeonato del mundo. Estaba disputando la carrera de los 800 metros lisos, el último concurso del heptatlón, cuando notó que estaba a punto de sufrir el ataque y se dijo: «Sigue moviendo los brazos, no pasa nada, sigue adelante. Puedes hacerlo. No va a ser un ataque de los fuertes. Te queda suficiente aire. Lo tienes ganado. Solo tienes que correr lo más rápido que puedas estos últimos doscientos metros, Jackie.»

Esta mujer tuvo convicción y propósito, sabía que hasta alcanzar la meta no podía detenerse. Ella misma declaró: «Tengo que decir que este es mi mayor triunfo, teniendo en cuenta a mis competidores y los altibajos que sufrí. Si quería conseguirlo, no me quedaba otro remedio que sobreponerme.»*

Los seres humanos no tenemos tope, los límites solo están en nuestra mente, en nuestras creencias, en nuestra mentalidad, por eso es que la mentalidad de avivamiento nos llevará a lugares y resultados que jamás pensamos alcanzar.

¿Sabías que Darwin y Tolstói no fueron considerados unos niños muy normales? ¿Que Ben Hogan, uno de los mayores golfistas de todos los tiempos, era un niño con falta

---

* DWECK, Carol S., *Mind-Set*, Vergara, Buenos Aires, 2007, pág. 134.

de coordinación total y completamente desgarbado? ¿Que la fotógrafa Cindy Sherman, que forma parte de todas las listas de los artistas más importantes del siglo XX, suspendió su primer curso de fotografía? ¿Que a Geraldine Page, una de las mejores actrices norteamericanas, le aconsejaron abandonar por falta de talento?

Lou Gerstner fue contratado para dar un vuelco a IBM. Mientras se consagraba a la descomunal tarea de rehacer la filosofía y la política de IBM, el precio de las acciones quedó estancado y él mismo fue blanco de las burlas de Wall Street. Decían que era un fracasado. Sin embargo, unos años después, IBM volvía a ser el líder de su sector.[*]

Y cuántos anónimos que no figuran en esta lista podríamos sumar a aquellos que con esfuerzo, persistencia y pasión transformaron todas sus supuestas imposibilidades y limitaciones y todos los «no» en «sí» y en ser los mejores en sus campos.

Nuestra mente, como nuestra creencia, está en procesos de permanente cambio. La libertad de la cual gozamos es la que nos permite revertir todo aquello que considerábamos erróneo y que, hasta hoy, nos bloqueó y limitó para alcanzar los logros y resultados buscados.

La percepción que tengamos de nosotros mismos, lo que creamos como cierto o no, influirá directamente sobre los resultados que obtengamos.

Los exitosos saben que, con el esfuerzo puesto en marcha, todas las habilidades y capacidades que se poseen se potencian aún más. **Cuanto más grande sea tu sueño, menor posibilidad de fracaso encontrarás en el camino.** Los sueños no desgastan a aquellas personas que saben definir y determinar el camino y las metas que necesitan para llegar a ellos.

[*] Ibídem, pág. 20.

Muchos dicen que el camino del éxito está pavimentado de fracaso en fracaso, pero también de éxito en éxito. El no darnos por vencidos generará que ese potencial, que aún no hemos utilizado, esa fuerza guardada, pueda ser puesta en acción.

Poder pensar en grande, visionar nuevas metas y desafíos, es lo que nos mantendrá siempre en carrera.

3. MENTE Y RESULTADO

La autora Carol S. Dweck, a lo largo de su carrera profesional como experta en psicología de la motivación y la personalidad, distinguió en sus estudios dos tipos de mentalidades: fija y de crecimiento.

Todos nacemos con una capacidad de aprendizaje y un potencial inagotable. La diferencia entre los exitosos y los que no lo son radica en que aquellos saben que la capacidad de crecimiento es permanente y que su resultado depende exclusivamente de ellos, de su esfuerzo y ganas de triunfar.

Los exitosos se estimulan con los desafíos y los riesgos, nada les impide llegar a su objetivo, saben que deben poner todo de sí para llegar; mientras que los que se quejan por no haber alcanzado sus objetivos solo utilizan una milésima parte de su potencial.

En tanto unos viven con creencias verdaderas, edificando y estimulando sus sueños, otros se resisten a cambiar lo que intentaron en alguna ocasión y no resultó.

Las personas con **mente y creencias fijas** buscan constantemente una continua aprobación y validación. Viven sumidos en una autoexigencia que muchas veces juega en contra de sus objetivos. El error, la frustración y el fracaso los lastiman de tal forma que, muchas veces, ese error cobra dimensiones mucho mayores que las que realmente tiene, sumergiéndolos en profundas crisis.

Aquellos que funcionan con la mentalidad fija pretenden alcanzar los objetivos sin esfuerzos, sin dedicarse por entero y sin otorgarle tiempo al proceso de aprendizaje.

Esta mentalidad no acepta revertir el error, prefiere dejarlo a un lado y seguir con otro punto, sin darse cuenta de que, haciéndolo así, son cientos o quizá miles los sueños que quedan a mitad del camino.

Sienten que ese error o ese pequeño fracaso los rotula, los etiqueta y los juzga condenándolos a cadena perpetua.

En su monólogo interior se dicen: «Todo me sale mal», «No sirvo para nada», y luchan con ese sentimiento de ganar y de demostrarle al otro quiénes son. Esa lucha diaria los agota y les roba la energía que necesitan y, en esa continua busca de aprobación, viven estancados y varados en su error.

Edward de Bono explicaba: «Cuando vamos al restaurante no decimos: "No quiero espárragos", porque entonces el camarero no podría atendernos, ya que no sabría cuál es nuestro deseo afirmativo, qué queremos tomar o comer. Lo mismo ocurre con nuestra mente: solo funciona con afirmaciones. Las expresiones del tipo "no tengo que gritar", lejos de mantenernos comedidos, nos provocan un estado de excitación que solo puede ser resuelto gritando realmente, aunque sea simulando que se bromea.»* De acuerdo con cómo nos vemos es cómo actua-

> No alcanzamos el éxito a través de la negativa, sino a través de las afirmaciones y las creencias verdaderas que hayamos incorporado.

* MÉNDEZ, José, F. García, *La cultura del error*, Editorial Planeta, Barcelona, 1997, pág. 38.

mos y nos manejamos. De acuerdo con cómo pedimos es lo que recibimos.

La mentalidad fija nos confronta permanentemente, como si debiésemos demostrarnos a cada segundo qué somos capaces de alcanzar y qué no. Con esta creencia, necesitamos comprobar que somos buenos, que somos capaces, que obtenemos resultados, que somos perfectos. No acepta el error como punto de partida hacia un nuevo resultado. Su objetivo es demostrarse a ellos mismos que pueden, que son exitosos y que no necesitan aprender de nada y de nadie.

Piensan: «Cuanto más inferior seas tú, mejor me siento yo.»

Carol S. Dweck

«Así somos y así moriremos», el esfuerzo diario no existe, ni forma parte de esta mentalidad.

Frente al desafío y el riesgo, se abruman inmediatamente, sienten que su inteligencia no les alcanza para superar ese resultado o ese error, por lo cual aceptan el fracaso como tal, sin darse la posibilidad de revertirlo. Un examen desaprobado no implica que nunca apruebes esa materia, pero, para esta mentalidad, sí; es más, aun puede llegar a replantearse el abandono de la carrera.

Muchos de nosotros hemos crecido así y nos han educado para ser los mejores alumnos, las estrellas del equipo de fútbol, sin darnos cuenta de que esa forma de educación no acepta los fallos o el poder volver a empezar. Esta mentalidad nos etiqueta como «el inteligente», «el creativo», «el distraído» o «el tonto».

Y así es como crecimos, creyendo y arraigando en nuestra mente cientos de creencias que nos hicieron creer que éramos los supertalentosos, creyendo tal vez que éramos portadores de aptitudes que no teníamos y que no aceptaban un no o una refutación o poder seguir creciendo y aprendiendo. O de lo contrario, nos hicieron creer que éramos los supertontos, los que nunca llegaríamos a ser alguien y no seríamos capaces de elaborar sueños y proyectos propios.

En ambos casos vivimos evaluándonos y acarreando resultados y pensamientos erróneos: «¿Qué pensarán de mí? ¿Qué dirán de mí? ¿Dirán que soy un incapaz, podré perder mi empleo?»

Estas preguntas, y muchas más, invaden tu mente y destruyen tu autoestima, frente a lo cual he de darte a conocer una creencia verdadera, quizás una de las fuertes, pero necesitas pensarla: hagas lo que hagas, de ti hablarán igual. Bueno o no bueno (según el juicio ajeno), de ti hablarán igual.

Si no incorporamos a nuestras creencias esta verdad, permanentemente estaremos emitiendo juicios de valor que nos destruyen sin evaluar el porqué de los resultados obtenidos, con lo cual podríamos evitar autocastigarnos y darnos la oportunidad de revertir ese fracaso. No te castigues ni te culpes más, sino pregúntate:

¿Cómo lo puedo hacer mejor? ¿Cómo puedo cambiar esta realidad y mejorarla? ¿Qué información puedo sumarle para que mejore el resultado?

Todos hemos fracasado o nos hemos equivocado más de una vez. ¿Cuántos de nosotros hemos tomado malas decisiones? ¿Cuántas personas se han relacionado con la persona equivocada? ¿Cuántas han hecho un mal negocio y han ido a la quiebra por no haber indagado antes cómo era el negocio?

Más bien, todos. Así pues, no te enfades cuando te equivocas, no hay manera de aprender sin equivocarse; todos en algún momento hemos fracasado en el recorrido hacia la concreción de nuestros objetivos.

Aun así, todo fracaso puede convertirse en un «fracaso exitoso»; solo necesitas sustituir ese sistema de creencias obsoletas por un sistema de creencias que te conduzcan al avivamiento en todas las áreas de tu vida.

Este sistema de creencias puede forjarse, crecer y desarrollarse. Nunca dejamos de aprender si estamos dispuestos. Cada una de nuestras habilidades y capacidades puede crecer si nos lo proponemos.

La mentalidad de avivamiento no se conforma con los resultados negativos, ni con un **«No»** como respuesta. Su naturaleza es la de un verdadero campeón, la de un vencedor, y sus dueños no han nacido para perder. Todo lo contrario:

El fracaso es solo un inductor del aprendizaje.

el reto, el desafío y el riesgo los estimula a luchar más porque saben que, desde esa posición, su potencial será usado al ciento por ciento.

Las personas con mentalidad de crecimiento no se preocupan en demostrar que ellos son los mejores ni los peores, sino que su mente está destinada a transformar lo que no es o no está, como si fuese, y hacerlo realidad y concreto.

La mentalidad de crecimiento se centra en el aprendizaje continuo y permanente. Esta mentalidad es la que poseen los hombres y mujeres que elaboran pensamientos de superación, de cierre, aquellos que no se limitan a mantener lo que han conseguido hasta el momento, sino que siempre van en busca de más. Esta es la mentalidad que te permitirá superar las crisis, los «no», los momentos y las circunstancias más difíciles que te toque atravesar. **Los «no» no los debilitan, sino que los fortalecen.**

Cuando se enfrentan a un error dicen: **«Voy a mejorar, la próxima vez lo haré mejor.»** Su monólogo interior es: «Tengo que ganar, aprender, superarme.»

Su foco de acción es la superación y nunca se verán como fracasados. Cuando alcanzan un monte, enseguida crean en sus mentes el próximo desafío hacia el cual se van a lanzar.

Esta parábola es explicativa y significativa para el punto que estamos desarrollando:

Un hombre de negocios estaba a punto de emprender un largo viaje, por lo que antes de partir llamó a sus siervos y les encargó la gestión de sus bienes. A uno de ellos le dio cinco mil monedas de oro, a otro dos mil y al otro solo mil, a cada uno según su capacidad. Luego se fue de viaje. El que había recibido las cinco mil fue enseguida y negoció con ellas y ganó otras cinco mil. Asimismo, el que recibió dos mil ganó otras dos mil. Pero el que había recibido mil, fue, cavó un hoyo en la tierra y escondió el dinero de su señor.

Después de mucho tiempo, volvió el señor y arregló cuentas con los tres. El que había recibido cinco mil monedas acudió con las otras cinco mil. «Señor —dijo—, usted me encargó cinco mil monedas. Mire, he ganado otras cinco mil.» A lo que su señor respondió: «¡Hiciste bien, siervo bueno y fiel! En lo poco has sido fiel; te pondré a cargo de mucho más. ¡Ven a compartir la felicidad de tu señor!»

Llegó también el que recibió dos mil monedas. «Señor —informó—, usted me encargó dos mil monedas. Mire, he ganado otras dos mil. A lo que su señor le respondió: «¡Hiciste bien, siervo bueno y fiel! Has sido fiel en lo poco; te pondré a cargo de mucho más. ¡Ven a compartir la felicidad de tu señor!»

Después compareció el que había recibido solo mil monedas. «Señor —explicó—, yo sabía que usted es un hombre duro, que cosecha donde no ha sembrado y recoge donde no ha esparcido. Así que tuve miedo, y fui y escondí su dinero en la tierra. Mire, aquí tiene lo que es suyo.» Pero su señor le contestó: «¡Siervo malo y perezoso! ¿Así que sabías que cosecho donde no he sembrado y recojo donde no he esparcido? Pues debías haber depositado mi dinero en el banco, para que a mi regreso lo hubiera recibido con intereses. Quítenle las mil monedas y dénselas al que tiene las diez mil. Porque a todo el que tiene, se le dará más, y tendrá en abundancia. Al que no tiene se le quitará hasta lo que tiene.»

Y así es como funcionamos. De acuerdo con la mentalidad con la que nos movemos, serán las respuestas que obtendremos, sea cual fuere el sector donde nos estemos desempeñando. Por temor a perder, la mentalidad fija mantiene lo conseguido. La mentalidad de avivamiento es dadivosa, da, suelta y se supera porque sabe que no tiene límites y que, cuando siembra, siempre obtiene una cosecha abundante. Siempre va a por más. Solo una mente de abundancia y de éxito rompe con los viejos esquemas que durante años hemos considerado verdaderos y normales. No podremos ir más lejos de lo que hemos alcanzado, sin antes erradicar de nuestras creencias todos aquellos pensamientos de limitación y fracaso que detuvieron el alcance de las metas fijadas. Habilidades, ideas, conexiones, fe, fuerzas, inteligencia, todo está dentro de ti. **El problema es que no sabes que necesitas deshacerte de principios y paradigmas caducos.**

Mientras no aceptemos el fracaso como tal, nunca este podrá tener la autoridad de convertirse en nuestra identidad.

- Todo lo vivido, lo que te enseñaron y te frustró, tiene que quedar a un lado para dar lugar a lo que está por delante.
- Todo lo que lograste hasta hoy es bueno; pero puedes ir a por más, crecer, prosperar económica, social y

emocionalmente, porque eres tú el encargado de generar el querer como el hacer, y esa motivación interna de superación permanente es lo que te conducirá a oportunidades, puertas abiertas, conexiones inesperadas y tiempos donde todo lo ideado en tu mente tomará forma y realidad.

Si tu meta es el crecimiento, nadie puede ponerte un techo. Si llegaste a un techo, este será el suelo donde puedas ponerte de pie para dar el paso al próximo nivel. Solo tú podrás frenar tu propio potencial.

La ley de Peters reza: «Todo ser humano es capaz hasta su nivel de incompetencia», lo que significa que todas las personas ofrecemos un nivel hasta que comenzamos a funcionar erróneamente. Todos llegamos a un punto donde no sabemos cómo seguir creciendo.

Es decir, ofrecemos un nivel hasta que comenzamos a hacer las cosas mal y no sabemos cómo superarnos o cómo seguir, y es justamente en ese punto, a partir de allí, donde debemos tener la humildad para que el techo al que llegamos pase a ser el suelo de nuestro próximo nivel. Es bueno tener un techo, pero también podemos colocarnos sobre él y comenzar a construir.

Sin embargo, muchas veces no nos damos cuenta de que no sabemos y seguimos produciendo erróneamente, por no permitirnos errar y dejarnos enseñar. Solo la mentalidad nueva recibe lo nuevo.

A lo malo no se lo critica, se lo corrige, se lo enfrenta y refuta. No necesitamos permanentemente demostrar quiénes somos a nadie. A partir del momento en que somos libres de los otros, comenzaremos a brillar más.

No tenemos que demostrarle a nadie nuestras habilidades, capacidades o licenciaturas, cargos o títulos que obtuvimos, el mundo no gira en torno a nosotros. Quizá de niño aprendiste que una equivocación o un error en la resolución de un problema ya nos convertía en fracasados; pero hoy sabemos que no, que es a partir de ese error que todo el potencial que aún no habíamos usado comienza a aparecer.

Dick Reppucci y Carol Diener llevaron a cabo un estudio con un grupo de niños a quienes les entregaron una serie de rompecabezas con los cuales debían trabajar. Los primeros armados fueron fáciles; pero a medida que lograban armarlos, se les presentaban juegos más complejos de solucionar, con el fin de poder evaluar las respuestas y las conductas de esos chicos frente a los distintos grados de dificultad con que se encontraban.

Uno de ellos, al encontrarse con el rompecabezas más complicado, acercó la silla a la mesa, se frotó las manos, empezó a relamerse y dijo: «¡Me encantan los retos!» Otro de los chicos de ese grupo, quien se encontraba con gran dificultad con su puzle, dijo: «¿Sabes una cosa? ¡Esperaba que esto fuera informativo!»

Los que llevaron a cabo el seguimiento se asombraron de las respuestas de estos chicos, pensando que al fracaso se le podía hacer frente o no, pero nunca que a unos niños pequeños les apasionara tener que afrontarlo y vencerlo. El fracaso no los desmotivaba, ni siquiera se planteaban la posibilidad de que estuvieran ante un fracaso. A partir de allí, los investigadores pudieron replantearse cómo, de acuerdo al tipo de mentalidad que cada persona tiene, un fracaso se puede convertir en un regalo.*

Ahora te toca pensar a ti:

---

* DWECK, Carol S., op. cit.

- ¿Qué mentalidad estás intentando definir y establecer en tu vida?
- ¿Qué tipo de mentalidad ha dominado hasta hoy tus pensamientos?
- ¿Qué actitud adoptabas frente a los errores o fracasos?
- ¿Qué frase elegías antes: «La vida es muy injusta conmigo» o «El destino está en mis manos y me toca a mí revertirlo»?
- ¿Qué frase elegirías hoy?

No te detengas a castigarte por lo que has hecho hasta hoy. El pasado solo te sirve para mirar el error; discierne lo que necesitas cambiar y luego sigue. No te quedes llorando sobre la leche derramada, límpiala, sírvete otro vaso y comienza a tomarla.

4. ¿HERENCIA O AVIVAMIENTO?

El inventor del test de coeficiencia intelectual, Alfred Binet, dedujo lo siguiente de uno de los trabajos realizados con niños con problemas de aprendizaje:

Varios filósofos modernos afirman que la inteligencia del individuo es equivalente a una cantidad fija, una cantidad que no puede aumentar. Tenemos que protestar y reaccionar contra ese pensamiento brutal. Con práctica, formación y, por encima de todo, método, se consigue aumentar la atención, la memoria, la opinión, y convertirnos literalmente en personas más inteligentes de lo que antes éramos.*

Y agregó: «No siempre los que empiezan siendo los

---

* Pensamiento de Binet, texto: «Les idées Modernes.»

más inteligentes son los que acaban siendo los más inteligentes.»

Las personas estamos sometidas a cambios permanentes que nos permiten salir de la zona del fracaso o de donde nada sucede, hasta optimizar y concretar los resultados que perseguimos.

Robert Sternberg, el gurú de la inteligencia, sostiene que el factor determinante para que un individuo sea más eficaz «no consiste en poseer una habilidad fijada de antemano, sino en comprometerse seriamente en lograrlo».

Haim Ginott en su *bestseller Entre padres y chicos* nos pregunta: «¿Cuándo se siente usted inteligente, cuando es impecable o cuando está aprendiendo?»

¿Cuándo te sientes «tú» más inteligente? ¿Cuando triunfas en el primer intento o cuando eres capaz de solucionar y revertir los problemas? ¿Cuando vendes lo que el cliente te pide o cuando ganas una venta?

Carol Dweck escribe: «Detrás de una autoestima anquilosada por una mentalidad fija acecha una pregunta muy sencilla: si con el éxito te conviertes en alguien, ¿qué eres entonces cuando no tienes éxito?» Con esta mentalidad, como dice un artículo del *New York Times*, el fracaso pasa de ser una acción (he fracasado) a convertirse en una identidad (soy un fracasado).

Siempre estamos a tiempo de cambiar nuestra mentalidad y de revertir los resultados que hemos obtenido. Independientemente del resultado que obtengamos, las personas con propósito sabemos asumir retos y llegar al objetivo diseñado, debido a la energía y el entusiasmo que desarrollamos por alcanzar la meta.

Las personas con mentalidad de avivamiento siempre llegan al reto, no importan los «no» y el entorno en el cual se mueven, siempre se lanzan a buscar el «sí», y si el ambiente no los acompaña, son ellos quienes modifican ese ambiente. Nada los saca del objetivo, ni los desenfoca, ni los prejuicios, ni los rumores, ni las críticas ni la sensación de estar fuera de lugar. Quizá puedan decirte: «¿Te parece seguir luchando por este sueño después de tanto tiempo?» Pero la mentalidad de avivamiento discierne a qué voz debe responder y ante cuál debe permanecer callada.

A la mentalidad de avivamiento no la moviliza ni la inquietan las opiniones de los demás; su motor es el propósito y la energía que irradia para conquistarlo.

Tú ¿a qué mentalidad estás respondiendo?

Sé que el éxito es tu herencia.

BERNARDO STAMATEAS

DECÁLOGO DE LOS ERRORES

Cada vez que te equivoques toma un principio y medítalo durante el día:

- **1. Cada error es un escalón, no la cima**
Si aún no conquistaste aquello por lo que vienes luchando hace tiempo, no importa, ¡sigue!, ese resultado te ayudará a trabajar más. Si tienes vida, tienes tiempo para alcanzarlo. Fracaso es una situación, no una posición. Éxito es una posición, no una situación.

- **2. El error te hace perder «algo», pero nunca la habilidad que te llevó una vez a la cima**
Solo podemos perder la posesión, un resultado, una bendición, pero nunca la habilidad y el potencial que nos llevó a generar el éxito.

- **3. Cada error es una semilla de aprendizaje: aprende la lección, olvida los detalles y sigue adelante**
Si te dicen «eres demasiado joven», «eres demasiado viejo», «eres un novato», «no tienes experiencia», ¡no te preo-

cupes!, puedes responder que estás en ese lugar para aprender, para crecer y conseguir resultados.

• 4. Fracaso no es «caer», sino permanecer caído

Fracaso no es caerse, lo importante es la velocidad con la que me levanto. No importa cuántas veces te hayan dicho que no, persiste, alguien te dirá que sí, y ese sí será la puerta que te llevará a alcanzar los resultados extraordinarios.

• 5. Cada error Dios lo cambiará en lo contrario

Hay una promesa que afirma que «el no será sí», «los enemigos serán cambiados por amigos», «y el dolor será un don que nos permitirá ayudar a otros».

• 6. Cada error es una fuente de creatividad

El error nos impulsa a hacer algo nuevo y a tomar otro camino. No eres débil ni fracasado cuando te equivocas, sino cuando no lo intentas con toda tu fuerza y pasión, cuando no eres capaz de alcanzar lo que no te animaste a hacer.

• 7. Cada error es un impulso para seguir adelante

Mientras que unos se preocupan por demostrar sus habilidades y lo grandes que son, tú demuéstrate a ti mismo lo que eres capaz de generar, aprender y conquistar. Si fallaste, admítelo. No hay peligro, el error te ayudará a comenzar nuevamente pero más inteligentemente.

• 8. Cada error me humaniza

A nadie le gusta estar con gente perfecta. Una mirada positiva del fracaso nos permitirá abordarlo más saludablemente.

• 9. Cada error mejora mi enfoque

Los exitosos renuevan su inventario, los fracasados renuevan sus fracasos. Seré más exitoso cuanto más tiempo entienda mi objetivo, lo revise, lo ejecute y lo pueda llevar a cabo.

• 10. Cada error encierra en sí mismo una oportunidad competitiva

Al fracaso no trates de racionalizarlo; lo importante e imprescindible es revertirlo. El fracaso está solo en tu mente.

BIBLIOGRAFÍA RECOMENDADA

AMIGUET, Luis, *Cuénteme cómo lo hizo*, Deusto, Barcelona, 2005.

ÁVILA, Marcelo y Rubén FIGUEREIDO, *Alto desempeño*, Temas, Buenos Aires, 2005.

CANFIELD, Jack, Mark Victor HANSEN, y Les HEWITT, *El poder de mantenerse enfocado*, HCI Español, Deerfield Beach, FL, 2000.

CHANDLER, Steve, y Scott RICHARDSON, *100 maneras de motivar a los demás*, Kier, Buenos Aires, 2006.

CRUZ, Javier, *Creatividad más pensamiento práctico... Actitud transformadora*, Pluma y Papel, Buenos Aires, 2005.

DE LA TORRE, Saturnino, *Aprender de los errores*, Magisterio del Río de la Plata, Buenos Aires, 2004.

DWECK, Carol S., *Mind-Set*, Vergara, Buenos Aires, 2007.

FIGUEIREDO, Rubén, y Marcelo VÁZQUEZ ÁVILA, *Alto desempeño*, Temas, Buenos Aires, 2005.

FISHER, Mark, y Marc ALLEN, *Piensa como un millonario*, Gedisa, Barcelona, 2000.

FOSTER, Jack, *Ideación. Cómo lograr que las ideas germinen y fluyan en su entorno de trabajo*, Gestión 2000, Barcelona, 2001.

JENNINGS, Jason, y Laurence HAUGHTON, *No es el grande quien se come al chico, es el rápido el que se come al lento,* Gestión 2000, Barcelona, 2001.

KIYOSAKI, Robert, y Sharon L. LECHTER, *Padre rico, padre pobre,* Aguilar, Madrid, 2004.

KRIEGEL, Robert J., *Tenga éxito en los negocios sin matarse en el intento,* Norma, Bogotá, 2002.

La Biblia. Reina Valera 1960, Editorial Vida, Miami, FL, 1993.

MANZ, Charles C., *El poder del fracaso,* Gestión 2000, Barcelona, 2002.

MASON, John C., *La imitación es limitación,* Caribe, Nashville, TN, 2005.

MAXWELL, John C., *El lado positivo del fracaso,* Caribe, Inc., Nashville, TN, 2000.

—, *Liderazgo 101,* Caribe-Betania, Nashville, Inc., 2003.

—, *Lo que marca la diferencia,* Grupo Nelson, Nashville, TN, 2006.

MAYER, Jeffrey J., *El éxito es un viaje,* Gestión 2000, Barcelona, 2013.

MÉNDEZ, José F. García, *La cultura del error,* Planeta, Barcelona, 1997.

MONDRÍA, Jesús, *Mejore su rendimiento,* Gestión 2000, Barcelona, 2002.

NIVEN, David, *Los 100 secretos de la gente exitosa,* Rayo, Nueva York, 2005.

PARRA DUQUE, Diego, *Mente creativa,* Norma, Bogotá, 2003.

SOLER, Jaume, y Maria Mercè CONANGLE, *Aplícate el cuento. Relatos de ecología emocional,* Amat, Barcelona, 2004.

STONEWALL, Cecil. *El efecto suerte,* Robinbooks, Barcelona, 2004.

TRACY, Brian, *21 secretos para hacerse millonario con su propio esfuerzo,* Amat, Barcelona, 2002.

TYE, Joe, *1001 ideas para triunfar en su carrera*, Gestión 2000, Barcelona, 2003.

ZELINSKI, Ernie J., *101 cosas que ya sabes, pero siempre olvidas*, Amat, Barcelona, 2002.

—, *El placer de no trabajar*, Gestión 2000, Barcelona, 2003.